Twiceborn
重生

從平凡出發

大川隆法
RYUHO OKAWA

台灣幸福科學出版有限公司

城南高中時期，拍攝於德島縣川島町的老家。

幼年時期（2歲左右）

德島縣・川島中學時期

綜合商社時期，拍攝於紐約總公司。

前言（改訂新版）

本書的前身《從平凡出發》，是我在三十二歲生日時所發行的著作。當時幸福科學立宗才兩年的時間。在眾多靈言集，如同光的奔流問世之際，我出版了這本半自傳式的書籍。當時我每日努力精進，但無奈光陰短暫，距離目標仍有千里之遙。

在那三年後的一九九一年三月七日，幸福科學取得了宗教法人的資格，同年七月在東京巨蛋首次舉辦了「誕生慶典」，當時我做了愛爾康大靈宣言。進而，大川隆法之名及幸福科學的存在，廣為全日本所知。那對我來說，是一種成功的證明，同時亦意味著我將和多數媒體開始對戰。當時有些媒體的論調是「此人明明出身平凡，怎可讓他如此傲慢」。那種批判是起因於人們僅從表面來讀此書。回顧我自身過去記憶，從兩歲左右到二十多歲之間，我曾被他人無數次稱為「天才」。隨著年齡的增長，對我如此評價之人越來越多。然而，我深知太自詡自身才能，將走向墮落之路，因此我銘記要將享受努力作為本分。

眾多佛典，將成道前的釋尊稱作「菩薩」，意指「努力追究覺悟之人」。最終，釋尊開悟，成為了大恩教主佛陀。釋尊自號佛陀，意即「覺悟之人」。他並非是妄自尊大，而是因為他相信真相便是如此。大如來於是誕生。

然而，眾多後世弟子所仰慕的是開悟之前作為菩薩的釋尊，進而勤勉於出家修行。藉由傳達我大悟之前的樣貌，應該亦能成為贈與後世人們的禮物。

前言（舊版）

至今，我極力避免談論我自身之事，而是持續採取向世人提示「法」的態度。那是因為，一如「行百里者半九十」的典故，對於想要踏破千里路的我來說，我告誡自己絕對不可因小成而自滿。

他人的體驗談，的確會打動閱聽人士之心，但我認為，若是自己沉醉於其自身的體驗談時，此人的思想發展便會停止。

本書彙編了我自身半自傳式的回憶內容，我想要藉此闡明我本身想法的淵源，以及如此真理思想是歷經何種過程所形成。

但願此書能成為幫助讀者理解，「幸福科學」所發表的浩瀚真理體系的關鍵。

此外，我也祈念本書能對追求覺悟之青年們、後進的年輕人們，成為他們的人生指標。

一九八八年七月七日 三十二歲生日

幸福科學集團創立者兼總裁　大川隆法

Twiceborn 重生

目錄

目錄
Contents

第三章 多樣的價值觀 79

第一章

從平凡出發

1 自覺於自身的平凡

接下來，我想以「年輕時期的愛爾康大靈—從平凡出發—」（譯註：此為原日文書名）為題出書。

首先，我想先說明為何要定如此書名的原委。

事實上，我原本就是一個出生極為平凡之人。我從一個平凡人出發，不知從何時起，到達了向眾人講述教義、寫下眾多書籍、向世人啟蒙的境界。當我回顧過去自身足跡之際，我感覺到自己應該有著必須要向世間揭露的想法、精神。

我認為，「從平凡出發」這句話本身即是一句覺悟的話語。

只不過大部分的人，不會深刻地反省自己，而是流於每日怠惰的生活，不知從何時起，似乎迷失了自己。

相對於此，自覺於自身平凡之人，會對於自身的問題抱持著較敏銳的意識。正是對於自身的平凡有所自覺，所以才會正面面對自身能力的極限、力量的極限的問題，進而努力下功夫試圖加以克服。

我是在大約十歲左右，察覺到自身的平凡。那個時候，我自覺到「自己真是一個平凡之人，不管是能力、體力、外貌都很平凡」，並且盼望「雖是一個什麼都平凡的自己，但至少自己抱持的希望要偉大」。換句話說，當時我一直都抱持著偉大的理想。

在自覺於自己是平凡人之際，要如何到達那偉大的理想，也就是到達那非凡的彼岸，亦是一個巨大的課題。

然而，在到達那非凡彼岸的老早之前，自覺於自身的平凡性，便是一個偉大的起點。

所謂自覺於平凡，就結論來說，就是自己要仔細檢視自身所有的優點和缺點。唯有檢視自己所有的優缺點，自己才能了解自己有何種程度的可能性。

十歲之際，當時自覺於自身平凡的我，抱持著兩個夢想。

當時的第一個夢想是，「成為學者，將自己的想法公諸於世。此外，還想要教導人們」。

第二個夢想是，「想要成為外交官」。那是一種「想要跨足於國際社會，與各種不同的異國人士來往，提升自己的見識」的心情。

如此理想，從我十歲到十一、二歲的時候，不斷地湧上心頭。

之後經歷了漫長歲月，現在我在名為幸福科學的團體擔任總裁。雖然我並未成為學者，但我透過著作向人們提示自身思想，此外，我還從事站在講壇教導人們的工作。在這層意義上，或許可以說當時的第一個夢想，幾乎完成了。

此外，我在步入這條真理之道前，曾在綜合商社做為國際商業人士，大約六年的時間，站在商場的最前線。並且，我時刻留意著海外與日本的情勢，從事與國際經濟相關的工作。當時我每天都努力掌握世界各國的情勢。在那般職場環境中，我遂行了各式各樣的工作。

如此看來，雖然不能說是外交官，但我當時可說是經歷了民間外交官般的商社人士工作。

就像這樣，雖然形式有所不同，不過可以說我的第一個和第二個夢想，都已經實現了。

今後，這名為幸福科學的團體，不僅是在日本國內活動，隨著海外活動逐漸展開之際，但願我第一個夢想和第二個夢想能夠合而為一，進而結出更巨大的果實。

本書想要傳達給各位的是，我在年輕時期所思、所學的精華。本書內容與「我是藉由何種想法，達到創立現今傳遞、學習、探究真理的團體之境界，並且又是如何熱情地推動這般宏揚真理的運動」有所關聯。

我能看到我自身的經驗當中，閃耀著數個真理之光。並且我認為，那些光明對於眾人來說，亦能成為希望的指標。

2 如同烏龜的步伐

當我回顧自己的過去，深刻感覺到「自己過去人生的足跡，真的像是烏龜的步伐一般」。

我出生於四國的鄉下，身為平凡的孩子，受到父母親的養育長大。從鄉下的國小和國中畢業之後，漸漸地開始覺醒於所謂「自己」之存在。

我的雙親是清心、勤勉之人，他們並沒有強迫我「要好好唸書」。說起來，我是不斷地自發興起「想要學習各種事物」的想法。

我記得在我小學二年級，也就是八歲左右，家父為了替我買一張大書桌，而前往隔壁城鎮。在那陳列著諸多木製品的店面裡，家父對我說「這個就是你的書桌喔」，至今我仍舊難忘當時的感動。

在小學生的眼中，那是一張非常大的書桌，木紋非常地鮮明。我當時心想：「等再長大一點，我要在這張書桌用功學習。」

終於等到我升上小學四年級，也就是十歲時，我便開始在這張書桌前用功讀書了。

當時，在我們家平日生活起居的房子附近，走路大約兩百公尺左右的地方，還有另一間小房子，那個時候我都在這間房子當中讀書學習。在我小學高年級的時候，在那裡讀書時，自己有一種好像被賦予了一座城堡般不可思議的感覺。

到了傍晚，用過晚餐後，我就會拿著書包，在黑暗之中走到這一間小房子。然後爬上樓梯，點亮燈泡，進到自己用功的房間。

這時，由於我年紀還小，所以感覺黑暗非常地可怕。離開父母的身邊，到另一間房子這件事對我來說，是相當恐怖的。

那間房舍並非是鋼筋水泥的建築，也並非是新蓋的木造建物，而是過去曾做為工廠的老舊木造房子。正因如此，冷風會從空隙鑽入，牆面也是諸多地方斑駁脫落。

當時我在那裡點亮六十瓦亮度的燈泡讀書學習，真的是有一種不可思議的感覺。年幼時期，我曾讀過《湯姆歷險記》等各種冒險故事，所以在那個時候，我覺得自己好像變成了那種故事的主角。

那時我每天在這間房舍中獨自思索、學習，我認為那成為我奠定日後沉思、思索的基礎。我十歲之後，就養成一個人獨立思考的習慣。

那間房舍是一幢非常老舊的建築物，冬天既會吹進冷風，也沒有暖氣設備。此外，由於實在是寒氣逼人，所以我會穿上厚重的外套、戴上帽子包住整個頭部，並且戴上口罩。

就這樣，幾乎每天到了夜晚，我就獨自在那房舍當中，學習、思考事物直到深夜十二點。

當時我的學習效率應該很差。譬如關於社會科目，像是學習世界地理、歷史的參考書時，我並非僅是閱讀教科書的要點，而是將所有的內容都抄寫在筆記本上。

從之後所學習的讀書方法來說，那是一種十分平凡的方法。而我當時似乎是抱持著抄寫經文的心境，在十歲、十一歲的每天深夜，將參考書的內容抄寫在筆記本上。

直到現在，對於當時採取如此愚直的讀書方法的自己，我仍有難以言喻的懷念之情。

雖然當時我尚未找到自己應該前進的方向，但我十分喜愛自己往更高次元、更高尚的境界努力的感覺，現今我仍能鮮明地回想起那種感覺。這是我開始認真感受到何謂克己心的時候。

雖是那般沒有效率的讀書方法，不過我的成績漸漸地變好。

我有一個大我四歲的哥哥，是一個很早熟的人，他從幼稚園、小學低年級開始，就有著很高的智商，備受父母期待。每當自己和預習型的哥哥相比，我就覺得屬於複習型的自己，步伐是何等緩慢。此外，當時我僅在意學習進度的快慢，並未了解學習深度的重要性。

在那個時候，我心中總是想著以下的內容：

「自己很平凡，或許頭腦也沒那麼聰明。

但是，就算頭腦沒有那麼聰明，別人花一小時學習的內容，自己花上三小時、四小時的話，應該就能夠迎頭趕上；他人一年就感到厭倦的事，自己若能持續四年、五年的話，應該就能有某種成就吧。

即便自己的頭腦平凡，但只要持之以恆、累積努力，終究會在某個時間點產生化學變化，經歷偉大的飛躍經驗。」

在我一邊對著戴著白手套的雙手呵氣的同時，一邊握著鉛筆，心中抱持著那般夢想。

當時身為小說家的伯母，評價我是一個「努力之人」，這也成為了我極大的鼓勵。

3 每日應留意之事

在度過如此少年歲月之時，每天我都會提醒自己一件事，那就是「無論住在何種偏遠的鄉下地方，或者是生活在何種小規模的社會，在其中綻放光芒的人，是不會知道那道光芒綻放出多少亮度」。

這也家父經常跟我講的一句話。

家父總是如此勉勵在班上名列第一的我：

「無論是在多麼鄉下或規模多小的學校，唯獨第一名與眾不同。即使和全國相比，或許也是身處於完全不同的境界喔。第二名之後的人自是另當別論，但唯獨第一名的人，到底能力有多高是很難說的喔。外界可不知道存在著何種天才喔。

無論是多麼偏僻的鄉下、規模多小的學校、多麼狹小的地區社會，但該處的第一名說不定是很有價值的。」

現在回想起來，我覺得這番話成為了我當時的精神支柱。

無論排名是第一名或第二名，事到如今回顧過去，實在是沒什麼大不了。然而，我從中學習到的是「無論身處何種小地方、地區、立場，都要在其中綻放出非凡之光，或許這有著意想不到的價值」。

隨著自身的成長，我深切地瞭解到這是一句真實的話語。「無論置身何種環境，若能在自己身處之地，綻放如鑽石般的光芒，終將會展開新的人生，打開一條嶄新的道路」，我逐漸明白這句話是真理。

因為經歷過那般經驗，所以當自己站在他人上方時，我發現到自己能夠以不同的態度去面對他人。

「自己是在某些機緣中被他人發掘之人。既然自己是藉由他人發掘出來的，那麼今後我也要去發掘優秀的人才。若是周遭有著優秀之人，我一定要將其發掘出來。帶領那樣的人，從平凡的淤水之處，前往非凡的高處」，這是我當時的心境。

對於自覺於自身平凡之人來說，我認為每日應留意三件事。

第一件該留意的事，就是「絕對不可忘卻努力之心」。

自覺於自身的平凡，想要脫離如此平凡的話，終究需要展現努力的態度。勉勵自己，抱持克己之心生活，我認為此乃至關重要之事。

我的眼簾當中，正好映入流佈於四國山野的吉野川。這是一條被稱為「四國三郎」的河川。那是一條源自山谷之間的溪流，最後朝下游流去，漸漸地形成為河道寬廣、平靜的河川。這條充滿我兒時記憶的河川，年幼之時我經常在河邊玩耍。這條閃爍銀色光輝的河川樣貌，正映入我的眼簾之中。

在持續努力的過程中，人生就會像這條河川一樣，終將變得寬廣，有深度，且沉穩。我認為「持續努力」是對人生的成功不可獲缺的。

而第二件該留意的事，就是「理想」。

無論是多小的蟲子，若是抱持著生存理想，是不會那麼輕易地就死去。牠會堅忍不拔地活下去。

此外，還有某種蟲子會朝著亮光飛去，為了尋求無限光明，飛撲而去。就連是蟲子都會為了尋求光明，展現努力之姿。

即便如此，各位是否曾經思考過，人若是沒有懷抱著理想而過，究竟會是多麼空虛。

我看過很多人在青少年時期滿懷理想，最後卻任由理想腐朽乾枯。特別是上了大學之後，這種人變得更多。或者，我也見過許多人在進入公司工作個一、二年之後，失去了理想，墮落於現實當中。

然而，切不可流於現實。當時的我知道了，「若是能自覺於自己的平凡，能自覺於自身是從平凡當中出發的話，即便是被譏笑，抑或被稱為無能，那般總是抱持著理想的態度，最後終將成為實現偉大自己的原動力」。

每當有人揭櫫自身理想時，世人大多會將那般理想評價為「幼稚」。但是，那些提升人類水準、改變人類歷史潮流的關鍵，其實就是出自於那般幼稚的行為當中。我認為，絕對不可以輕視那般「幼稚」。

每日應該留意的第三件事，即是要「累積實際成績」。

希望各位知道，平凡之人要達到非凡的高度，是不可能一蹴可及的。

當時，有人「在一夜之間變成了大明星」、「一夜之間變成了大詩人」、「一夜之間變成了大作家」。然而，我們都知道那樣子的人，是不可能長久有名下去的。看到那些因一時的風潮或偶發事件而知名，最後又消失不見的人們，我難以認為那算是真正的成功。

因此，每日絕對不可忽略之事之一，就是要「累積實際成績」。也就是說，要不斷累積小的成功體驗。一點一滴、一步一步地，累積小成功。當小成功累積到五個、十個之時，就會變成一種自信，並因此開啟下一個可能性。

抱持如此「不斷累積下去」的人生觀、成功觀，對於打從平凡出發之人來說，是比什麼都還要來得重要。「累積」的態度，甚為重要。「不是試圖揮大棒打出全壘打，而是不斷累積安打」，我認為如此想法是最重要的成功條件。

4 發現

從平凡出發，人生終究會變得廣闊，但在人生的各個時期當中，我認為「發現」一事非常重要。

人生是「連續的發現」。若問有何種的發現，那即是對於自己內在的發現，以及自身以外的發現，可以說人生當中有這兩種發現。

在青春時期，對於自己內在的發現有著非常大的意義。那是一段藉由閱讀各式各樣的小說、熱衷於詩詞，開拓自身內在的時期。

在那個時候，我們會發現到「原來自己的心中，至今隱藏著這麼多東西，有著這麼大的內在空間啊」。

並且，在探究自身內部空間的過程中，會經歷與形形色色人們的相遇。屆時，自己會經歷到「在自身之外，發現己心當中的人物形象」。這著實是一個嶄新的發現。並且，自己還會發現，其實自己和他人都有著相同的煩惱。

這能夠深化自己的人生觀。

某一個人是怎麼樣的人、抱持何種人生觀，將決定了此人在人生當中，能有多少發現。

人們未必會將自己所發現到的事物，都寫在筆記本上，因此難以斷定此人到底有多少發現。然而，透過每日所累積的發現，其實就會呈現出每個人不同的差異。

當然，根據此人被賦予的條件，發現的內容也會有所不同。

如果此人有一副適合當奧運選手的強健體魄，或許此人的發現就會著重於速度、體力、運動技術等層面。

只不過，大部分的人們都沒有具備足以當奧運選手的身體，並且煩惱於大部分的人都會感到煩惱之事，這在某種意義上來說算是幸運。

由此可見，生來有著平凡的身體、平凡的知力，與眾人有著共通的特徵，應該就可以說自己正過著人生吧。

其實這正是發現存在於己心當中，人類普遍性真理的方法。我認為在平凡性的自覺當中，其實正沉睡著人類普遍性的真理。

而且重要的是，在發現的「質量」當中存在著兩個階段。

第一個階段是「外在的人們是這樣子的人」，「自己則是這樣的人，自己內在有著如此想法」，也就是對於現有狀態的發現。

若以上為第一個階段，那麼第二個階段，即是從完全嶄新視角的發現。從嶄新的視角了解自己、從嶄新的視角了解他人、從嶄新的視角了解世界。

這是有可能的，必須要認識到如此可能性。

自己之所以能獲得新的啟示，有時是因為他人的話語，或者是自己獨自一人反省、瞑想之時，從天而降的靈感。在那般完全沒有預期的狀態下，自己會被教導自己是何種存在。

此外，對於他人的看法，有時也會在不知不覺中有新的發現。雖然至今，不知他人存在的意義、不了解此人是何種個性，但隨著自己累積各種經驗之後，了解的範圍將變得更廣、能理解的人數變多，並且更容易知道對方是個怎麼樣的人。

了解他人是怎麼樣的人、理解至今不理解之事，這本身亦是一個發現的喜悅，也是發現的重要之處。

伴隨這般眾多的發現，此人的人生將會變得豐盈，此人於人生當中所獲得的教訓亦會變得豐富。

這就是平凡之人透過「發現」，轉變為重要的「積蓄的原理」的瞬間。

在學校當中所學習的教材有其極限，其資訊也有其限度。然而，以「自己的發現」為名的學習，內容則無可限量。那可是有著無限的可能性。

自己獨自學習之後的發現，這對平凡之人來說，是無比的重要。

5 新的展開

至今，我論述了有關自覺於自身的平凡、如同烏龜的步伐、每日應留意之事、累積發現的重要。

接下來，我想要論述的主題是「新的展開」。

所謂新的展開，是指「若是在這次的人生中想要達成某種理想的話，就必須集結自己所具備的所有力量，使其往嶄新的方向發揮」。

若沒有新的展開，就無新的成功，無新的作法，亦無新的成功。或許如此說法只限定於「平凡之人」，然而，若無新的展開，則無新的成功，也無法實現理想。

隨著發現以及人生教訓的累積，此人人格將逐漸變得偉大。要以如此偉大的人格，去成就些什麼，使其如急湍滿溢，就是一個困難的問題。這是人生當中的應用問題。

這是一個此人要如何運用如此「機會」的問題。

雖說是平坦的人生，但鮮少有人能度過一成不變的人生，終究會出現幾次的轉機。

如此轉機，主要有兩種。

其一是「自己內心發生了轉變」之型態的轉機。對於至今所感興趣的事物失去了興趣，或者對新的事物開始感興趣，當如此心境轉變之際，就會出現新的轉機。

另一個則是與新的人物相遇之際。

「過去一年當中，沒有遇到新的人物」，如此之人應該很少吧！對於大多數生活在社會當中的人來說，每一年、每一年都是會與新的人物相遇的一年。每年必定會遇到新的人物。自己去年完全未知之人，有時今年會以完全不同的方式出現，與自己結上緣分。

我認為這是非常重要的局面。「己心轉變」的局面，與「藉由與新的人物相遇，人生因此改變」的局面，這兩個局面都是將從平凡出發的人生，往成功境界提升的機會。

然而，面對如此新的局面，能否有勇氣地做出決斷，這和至今自己做了何種積累有著深厚的關係。過去所積累的經驗越是貨真價實，所迸發的能量就越是能轉變為出色的結果。但是，若過去沒有多了不起的積累的話，如此新的展開有時便會以失敗告終。

簡言之，就是要像水壩一樣儲滿水，如此一來在水壩洩洪時，才能釋放出大規模的力量。利用水位落差所產生的能量來轉動渦輪，以確保巨大的發電量，我認為這點很重要。

換句話說，就是要在每日的努力、上進中，掌握新的契機、找出新的方法，珍惜己心當中的新鮮感，以及與新人物的相遇。

在那個過程中，此人的守護靈大多會給予某些靈感。

己心當中的價值觀，有時會截然改變。此外，藉由與新的人物相遇，自身的價值觀也會不斷地轉變。

若是遇見了那般價值觀轉變的瞬間，希望各位能夠知道「眼前正是自己命運的轉機」。過去，我也曾經歷了許多次那樣的瞬間。我認為，在每次遭逢轉機之際，認識到命運正教導自己什麼事物是很重要的。有時，那亦是考驗自己、確認自己想法的時刻。

6 勇氣與自覺

在上一節當中我提到了「新的展開非常重要」，此時不可忘記的是「勇氣與自覺」。

至今沒有任何一個人，缺少勇氣卻還能成就人生的偉業。

如此勇氣既非匹夫之勇，亦非無謀之勇。如此勇氣，是指一個平凡之人，在判斷「就是現在」的人生機會之際，讓能量迸發而出之舉。

在這世間當中，只要有機會，有眾多人們會想要拔擢各位、將各位引導向成功境界。不是應該去呼應那些人們的期待嗎？最終，就是這「勇氣」一詞。

不須煩惱「自己天生就膽小」、「自己沒什麼志氣」。簡單來說，就是要像那水壩洩洪轉動渦輪一樣，釋放自己至今所積累的能量，解放壓力就對了。

此時，重要的是有所自覺。隨時保持清楚的意識，不可自我陶醉。一旦開始自我陶醉，屆時就會不知道自己正在做什麼。

即便你抱持著勇氣，果決地採取了行動，你也必須知道「在自己的人生劇本當中，這相當於哪個部分。在自己的人生劇本當中，現在正走到了哪裡。是第一幕還是第二幕，抑或是走到了第三幕」。若是沒有抱持著如此自覺，則無法成功。

為了構築嶄新的時代，在自己的精神史上留下新的一頁，希望各位知道，勇氣與自覺這兩者是不可或缺的雙胞胎兄弟。

第二章

獨立的精神

1 獨立之心的意義

本章我將以「獨立」為中心，講述我的想法。

既然身為人轉生於世間生活，對自己的個性抱持自信及責任，是無比重要的事。對自己的個性抱持著自信及責任，這和自己有無獨立之心有所關連。

有著強烈的獨立之心，這是好事，抑或是壞事呢？

若單純照字面上的意義來判斷，未必只能得到一個結論。然而，對於一個從平凡出發，想要立身於世，試著成就某事之人來說，就必須要思索如此獨立之心的重要。

「獨立之心」這句話說來簡單，然而實際上卻有其困難之處。

或許可以從以下兩個觀點，來分析其難處。

其一為，「人無法單獨一個人，活於世間」。不管你再怎麼想要獨立，若沒有眾人的助力、協力，你是無法活在這世間的。在這嚴肅事實的面前，很難堅守這獨立之心。

另一個困難，則是獨立之心與周遭的和諧，有時會出現問題。

獨立之心越強的人，常常會遭受周遭人們的討厭、白眼。那是因為此人那般獨立不羈的意欲，會招致旁人異樣的眼光，看似會擾亂周遭的和諧。

但是，各位在心中期盼著什麼，或者想要成就什麼，又以何為理想，他人是無法那麼簡單就了解的。

既然如此，各位必須知道，在此各位面對一個巨大的賭注。到底你是要獲得眾人的認同，以一個「好孩子」之姿結束這一生，還是你想要徹底活出自己真正的人生，你正面對著這兩個選擇。

哪一個選擇對自己來說才是真正有利，能夠真正地完全燃燒自己，試著加以思索，其答案自然很是明顯。終究「自己度過了『自己想要如此過活』的人生。自己靠自己的力量活過來了。自己透過雙手掌握成功了」的選擇，應該能夠獲得非常強烈的幸福感。

換句話說，我在講述如此事實，那即是對於人來說，重要的是你在這名為人生的畫布上，到底徹底畫出了多少圖畫。那張畫布，或許有大有小，但在那上頭畫了多少富含藝術性的圖畫、描繪了多少美麗的內容，這即決定了你人生的勝敗。

「因為不可以讓他人給出太低的相對性評價，所以自己已經很滿意如此程度的畫作了」，如此人生到底是否為真實的人生？

無論在哪一個時代，都存在著批判家。而批判家也有兩種，一種是單純是出自於善意，進而對你進行阻止。另外一種，則是為了批評而批評的不負責任之人。

我認為，世間眾多成功之芽，都被那些不負責任之人的話語給摘掉了。這是因為人是很脆弱的，有時會被他人的話語給左右。人很難堅強到不管他人的話語，逕自走上自己想走的道路。

然而，若是要我下結論的話，我會說「就算是那樣，也還是要放手去做。要靠自己的力量站起，用自己的雙手掌握」。這亦是佛把人送往世間的理由。

2 責任之所在

在思索何謂獨立之際，最關鍵的想法就是「責任」。

無法對自己的想法、說法、做法負起責任的人，此人無法稱得上有著獨立的精神。獨立的精神，首先由「負起責任」開始。

所謂獨立的定義，指的並非是活得輕鬆，巧妙地活在人群當中，選擇走上輕鬆的路。這樣的人生態度，就意味著自己想要逃避責任。

真實意義的獨立，並非是推卸責任，而是承擔責任，主動站在須負起責任的立場，並且堅持到底。在這層意義上，對自己該肩負的責任抱持明確的態度，比什麼都還要來得重要。

有時，自己想要完成的事，會在與他人合作的過程中遭遇失敗。在遭遇失敗之際，總是縝密地去實證分析那是否全起因於他人的責任，或者有幾成是自己的責任，以及自己認為自身該負多少責任，是一件非常重要的事。

至少，自己周遭發生的事、以自己為中心所發生的各種事件，不可能和自己一點關係都沒有。

對於那般責任有多少的自覺，就成為了能否獨立的要件、條件。

換言之，自己能夠肩負多少責任，就決定了此人的器量。

世間之所以會認為老闆比一般員工偉大，並非是因為其薪水，亦非是因為其頭銜，而是因為其肩負的責任。

一般員工只要負起自己一個人的責任就好了，但是老闆必須對自己公司的所有員工負起責任。此外，對於以公司名義所做的各種行為，也必須負起責任。對於那自己沒有直接看到、無法干預的工作，一樣也負有責任。

或許這是一個淺顯的例子，但是一個試圖立足於世之人，無論此人欲往何處前進，我認為此人都是一個以成為指導者為目標的人。不管是單純地想創立事業，或者是走上藝術之路，抑或是投身於宗教當中，其目的地想必是各式各樣，至少對於一個沒有明確出自己的責任、不想負起責任的人來說，是不可能獨立完成工作的。

總是把失敗的原因推給周遭之人，老是怪罪他人說了哪些話，動不動就覺得「或許自己有過失，但那只不過是運氣不好」，有著如此性格的人，無法說此人想要真正的獨立。

如此性格的人，一旦獨立之後，就必定會遭逢悲慘的經歷。並且，還會證明自己僅站在一個被他人所用的地位。

重點就在於你能肩負起多少責任。對於部下，或許嘴巴上說「責任我來扛，你就儘管放手去做就對了」很簡單，但到底有多少上司，對於實際發生的事情扛起了責任呢？這其實成為了測量此人器量的試金石。

如果可能，打從幼小時期，就要對自己的責任，有著深刻的自覺。

即便是小孩，也必須要對責任有所自覺。打架打輸了，不是去思考「因為自己太弱了」，而是總找藉口說著「對方太強了」、「對方人多勢眾」，這樣的小孩終將在人生當中成為失敗者。

重要的是，正直地活出自己的心，對自己的內心不裝糊塗。用自己的心正直地觀察時，若是覺得自己失敗了，就要承認自己的失敗。

承認失敗之後，就會出現下一步。總是不承認失敗，老是把原因怪罪給環境、他人，無論過了多久，此人都不會有所進步。

因此，「真正地承認對於自己不利的事」的性格，將會把自己引導向偉大的獨立精神境界。

作為偉大的人格者、偉大的人物立世，就必須明確出責任之所在。在明確自身責任之所在的同時，也必須明確出他人的責任所在。

然而，對於他人所肩負的責任，應給予何種評價，這必須還要從其他方面加以考量。認為此為他人之責任，是否就能夠因此責備他人沒有承擔好責任，或者是責備他人的失敗，這就又是其他的問題。

只不過，若無法知性地分析責任之所在的話，就不得不說此人為愚蠢的指導者。如果無法縝密地分析因何故而失敗、為何而受挫，無法追究、掌握、找出其原因之人，則無法成為指導者。

然而，對於他人應負的責任，該如何對處，此為另一個問題。

如果可能，我希望想要成為指導者的人們，能做到以下的事情。

若是某人有所疏失，即便此人的確犯了錯誤，但希望你能夠如此思考：「自己在事前是否有任何可能可以給予此人某些協助呢？藉由自己的提醒、關心。是否能夠給予此人往正面發展的力量呢？」

即便個人的力量微薄，但如果你察覺到自己事前尚有著做出某些行動的餘地、事前尚有著發出警告的餘地的話，就不要再責備此人了，同時還要自覺到自己尚有未盡之處。

我認為如此想法非常重要。

3 將教訓用於提升自己

以上我論述了獨立之心以及明確出責任之所在的重要，除此之外，從各式各樣的事情當中記取教訓，讓自己有所提升亦十分重要。

不管是他人的失敗，或者是自己的失敗，在那個與自己有所關聯的世界當中所發生的事情，其中應該都蘊藏著某種教訓。去徹底學習那些教訓，真的是非常重要。

就結論來說，所謂偉大的人格者，即是指從那名為人生的小冊子當中，記取眾多教訓之人。

即便是聽聞了相同的話語，根據此人的聽聞方法，話語將產生完全不同的意義。

日文當中有一句諺語叫做「把珍珠給了豬」（譯注：意同「對牛彈琴」），我不是很喜歡這句諺語，因為我不認為豬應該被如此鄙視。但是各位必須知道，往往人們有時會陷入如此狀態。

從佛的角度來看，即便把珍珠給了人，有時人真的是很愚蠢，完全沒有任何察覺。人只接受對自己有利的事，遇上對自己不利的事，往往會選擇忘記、不理睬、不關心。

還有另一句日文諺語叫做「懊悔打翻的牛奶也於事無補」（譯注：意同「覆水難收」）。的確，就算懊悔打翻的牛奶，牛奶也回不來。然而，必須要從如此事實當中，學習某些教訓才行。

首先，最重要的是要去檢視所有過程，探究為何會出現如此失敗、錯誤，並且不要再犯下相同的過錯、不要再重蹈覆轍。接下來，要拉上一條預防線，不要讓自己陷入相同的失敗模式。這個即是從各式各樣的事情當中記取教訓，進而提升自己的方法。

但是，要獲得如此讓自己有所提升的教訓，有其困難的一面。那是因為，人很難客觀地看待自己。唯有客觀地看待自己，才會了解到自己正陷入某種失敗的模式當中。

有些人在遭遇類似的狀況時，總是會經歷失敗。當失敗的模式建立之後，人總是會不偏不倚地掉進去。即便周遭人物改變、地方改變、環境改變，但總是有人會陷入過去失敗的類型，讓自己動彈不得。

我有一個幼年時期的回憶。

我曾經在住家附近的小山谷遊玩。那是一個爬下去容易，爬上來困難的峽谷。雖然深度大概只有兩公尺左右，但對於當時只有一百公分左右的我來說，是一個很深的山谷。那時我很小心地爬下去，結果卻無法從底部爬出來。

就在我感到不知所措之際，日暮逐漸低垂。我叫住經過那附近的人，請對方到家中讓家母過來這裡。不久之後，家母便來到那裡，把手伸下山谷抓住我的手，輕鬆地就把我拉上來。對此，直到現在我還記憶猶新。

那個時候的自己，有一股說不上來的悲傷、一種難以言喻的難堪、一種無法形容的無力感、一種被留在山谷，無法奈何的孤獨感。此外，我眼中的家母是多麼強大、可靠，直到現在我仍能憶起當時家母雙手的觸感。雖然現在，家母是寄宿於比我更加嬌小的肉體當中的靈魂，但當時在我眼中的家母，其力量可是奇大無比。

後來又過了一年吧，這次地點完全不同，我在一個山丘上和其他小孩們一起遊玩，之後我掉到了一個斜坡下的灌溉水溝當中。那是一個用水泥蓋出來的水溝，陷入陰暗當中的我，無論如何掙扎就是無法動彈，十分痛苦。

那時，我又興起了「叫媽媽過來救我」的想法。但是我家離那裡很遠，無法叫母親過來那邊。

當時雖然其他的小孩在旁邊鼓噪喧鬧，卻沒有一個人對我伸出援手。我的內心雖然浮現出母親的樣貌與她的雙手，但也想著「無論如何都得爬出這個陡斜的灌溉水溝才行」。之後，我記得我用手肘撐著，慢慢地爬出來。

當時那長滿青苔、潮濕昏暗的感覺，從水溝當中慢慢地露出頭來的感覺。還有，自己的雙手像是他人的雙手一般活動的感覺。原以為自己沒有力氣，但最後竟然靠自己的力量，從那像是排水管的洞爬出來時的喜悅。

我已不再呼喊母親了。一旦上半身爬了出來，之後要從中完全脫身，就不是那麼困難了。

周遭的小孩們，一直在看我到底會變成怎樣。結果，當他們看到我從中爬出來，就知道無論如何鼓譟、嘲笑，都是沒有任何意義的。

我從那水溝爬出來之後，泰然自若地，就像往常一樣地玩耍。

回想當時自己的模樣，彷彿就像是昨天發生的一樣。

我在那個時候知道了，「就算曾經依靠他人之力得救，也不可以總是對此有所期待」。我學習到了「要憑自己的力量，盡可能地努力。並且，如果無論如何都還是行不通的話，即便能夠借助他人的力量，但自己能做的還是得竭盡所能的去做」。這是我八歲時的事。

我認為，這也是一個為了提升自己的教訓。

4 經濟觀

在思考何謂獨立之際，就必須提及關於經濟一事。那是因為對於人來說，經濟的思維非常重要。

距今將近兩千六百年前，印度的釋尊行腳於各地向人們講述真理，然而畢竟自從他離開迦毘羅衛城的王宮之後，身分就等同於乞丐般，過去作為王子每日度過的優雅生活，對他變得沒有絲毫幫助。

因此，釋尊採取了透過接受佈施，以獲取自己生活食糧的方法。他每日進行瞑想、說法，一方面思索如何才能讓己心豐盈，一方面每天撥出一定的時間，前往各地接受人們的佈施。

這就是佛教的起點。

但是隨著時光流逝，經過了兩千數百年，在現今的時代中，到底要抱持何種經濟觀，才算是擁有正確的人生態度呢？

我認為，在經濟上獨立，這對人來說是非常重要的事。

或許有很多人把金錢單純地視為是罪惡、污穢的東西，光是想到錢，就覺得很羞恥。只不過如此看待金錢的想法，我認為太過於潔癖且狹隘。

好比過去以金塊代表金錢的時代，那金錢本身存在著價值，而現在大多是用紙幣代表金錢，那紙鈔本身並沒有多大價值。錢的意義存在於他處。我認為，可以將金錢當作是衡量價值的某一種尺度。

若問世間的價值到底可藉由什麼加以衡量，有一個原則即是「做了有著助益之事，就會被賦予相對等的對價」。不管做出有助益之事的是人，還是動物或植物，都會被賦予相對等的對價。

此時重要的是，「若是可能，要對自己的經濟，抱持某種程度的自信」。雖然接受他人的佈施而活，的確有斬斷自身執著的一面，但從「確立自己」的觀點來看，不得不說此人忽視了經濟原理。

重要的是，並非是去賺取不義之財，而是要貢獻社會，做出有益之事，累積相當的好評。

我從過去觀察至今，金錢上的不自由，真的是會大幅侵蝕、左右人心。很遺憾地，沒有錢就做不了什麼事，然而一旦有了錢，有些人就是會想要對他人頤指氣使。

由此來看，為了能夠以獨立的精神度過一生，就必須在經濟上維持獨立。

若能在經濟上維持獨立，至少就不會為了金錢，而改變自己的信條。也就是說，不會因為他人的金錢，左右自己在宗教上的信條，或是左右了對於真理的熱情。

而我即是從如此見地，現今正建立著嶄新的佛陀僧團。活於宗教之人、活於真理之人，若是成為他人錢包的奴隸的話，就無法真正地於精神上獨立。

有人主張「不可靠宗教謀生」。如此說法，有其一定的道理，然而在現今日本，並沒有任何制度可以讓探究真理之人於經濟上無後顧之憂。若是有那般制度的話，即能透過那制度生存下去，但現在並不存在那種制度，終究必須要透過自己的力量，去守護真理的堡壘，如此想法非常重要。

因此，我在今世的說法當中，把一部分重點放在建立經濟的基礎上，並且呼籲人們重視這般想法。

各位不可被金錢的罪惡感給束縛，也不可讓己心游移不定。為了讓己心不受動搖，必須要對自己抱持自信才行。換句話說，對於自己的想法、工作必定能有利於世間，要抱持著不動搖的自信。

若是可能，我希望活於真理之人，也能夠在經濟上維持獨立。盼望這樣的人在經濟上能夠豐盈，能夠擁有著不被金錢迷惑的豐盈。

並且，我希望這樣的人越是開悟、越是能為眾人奉獻，世人給予的評價也越是高。

從過去到現在，金錢就被視為罪惡，並且還隱藏著讓人陷入誘惑的危險性。但是，金錢能夠激發人的上進心，這亦是一個不爭的事實。

從平凡出發，其中亦蘊含著從貧窮出發的意義。從完全沒有資產、財產的狀態出發之人，必須思索要如何成為一號人物，要如何帶給眾人影響力。

我認為，覺悟之人、學習真理之人，藉由擁有眾多的經濟力量，對眾人有所影響是一件美好之事。

「在借貸對照表上，並非只要沒有赤字、黑字就是好事。人們必須抱持巨大的力量，將財力、財富作為正確引導世人的一種武器。各位應該要抱持如此人生態度」，我想於現代講述這般思考方法。

有著某種程度的經濟力，能夠成為保護自己，並且讓世間變得更加美好的武器。正是因為沒有想要把經濟力用於這般用途，才會對金錢抱持著罪惡感。希望各位能夠重視如此經濟觀，如此蘊含真理的真理經濟學感觀。

5 遵守約定

上一節，我論述了擁有經濟觀的重要性，接下來重要的是抱持「遵守約定」的態度。

當然，因為諸多原因，致使無法按照當初約定實現之事，世間當中數之不盡。然而，重要的是「你曾經為了實現那約定用心努力過」。

世間當中，有很多事情光是口頭上的約定，最後很難成真。但是，重要的是「你曾以誠實之心說話」。

「遵守約定」一事，有時也意味著「要依循法律」。

蘇格拉底在距今兩千數百年前，留下了「惡法亦法」這句話後，飲下毒藥而死。當時蘇格拉底的想法是「既然自己身為雅典市民，就必須受到雅典的法律約束。即便那是一部惡法，若是想要逃出法網，就等於破壞了法律，亦無法遂行作為善良市民的使命」。

先不論這是否為正確的態度，但至少現代社會維持文明的條件，即是「人們存在於各式各樣的規則當中」。既然是活在各式各樣的規則當中，原則上，破壞了那般規則就並非是件好事。

此時希望各位能夠認識到一件事，那即是「對於人來說，最重要的約定，是與佛之間的約定」。雖然人與人之間的約定是很淡薄的，不過，佛與人之間的約定，其實是非常、非常深厚的。

人在世間被賦予了生命，就代表著對佛負有著責任。為佛賦予了生命，這本身即伴隨著責任。

那麼，有什麼樣的責任呢？那即是，必須要遵守「作為佛子，以佛心為己心而活」的約定。

人不會在沒有和佛進行那般約定之前，就轉生於世間。在轉生於世間之際，即便有大小、程度之差，都必定承諾了「自己會為佛進行貢獻」，並且約定「必會遵守佛的教義」，進而轉生到地上。

之所以不可以作惡，是因為那違反了與佛之間的約定。

人之所以能夠為人，是因為與佛做了那樣的約定。正因為如此，人的靈魂才被允許以人之姿活於世間。若是人違反了與佛之間的約定，那麼就不能保證人能夠以人之姿生存下去。

但願有更多人知道如此事實。希望人們知道「作為人轉生於世間、以人之姿活於世間，這本身其實就是與佛之間的約定」。

問著「為何自己要去實踐佛所說的愛呢？為何要實踐慈悲呢？為何要實踐正義呢」的人啊！那是因為你和佛做了承諾。那即是你能作為人的前提條件。

若是破壞了那個約定，人的靈魂就會變得痛苦。如此痛苦即是指地獄。在名為地獄的地方，有眾多人們感受到靈魂的痛苦。

之所以會有那般痛苦，是因為自己破壞了自己所立下的誓言、約定，自己的良心無法容許自己有了那般想法、行為，進而感覺到痛苦。並且，人會想要努力地加以彌補。

我想要反覆地強調以下的內容：對於人來說，最大的約定即是與佛之間的約定。自己能夠作為人轉生於世間，是因為與佛締結了約定。而那般約定，即是「自己會遵守佛的話語而活、絕不違背那話語而活」。

所謂的獨立，並非是意味著離開佛而獨立。每一個人將與佛之間的約定，作為自身的責任加以遂行，這即是獨立的意思。基於自己的個性，遂行自己於佛之間的約定，這就是「獨立精神」的真實意義。

希望每一個人都能夠捫心自問，「自己和佛之間做了什麼樣的約定？自己是如何和佛進行了約定」。

並且，再進一步想想，「遵守和佛之間的約定、遂行和佛之間的約定，這對自己來說，到底有著何種意義」。

在如此思索之後，應該就會察覺到自己做了如此約定：「為了世人，自己要最大極限地發揮自己的優點」、「盡可能地在世人面前，不曝露自己的缺點，不使其妨礙了世人」。

與佛之間的約定，每一個人皆不相同。然而，經常地回憶起如此約定，我認為是非常、非常重要的。

6 獨立前行

以上我從各種角度，對何謂獨立的精神進行了論述，最後，我想論述的是「獨立前行」。

所謂父母親之心，可以說最終即是祈禱孩子能夠獨立，並且變得幸福。

雖然人是與佛做了約定，進而活於世間的存在，但佛的終極心願，即是「希望每一個人，都能在各自的世界當中，以佛心為己心，活得多采多姿」。這就是真實意義上的獨立前行。

珍視與佛之間的約定，徹底活出具有自己個性的人生。並且，在徹底活出那般個性的人生過程中，絕對不違背與佛之間的約定。對此，亦明確出責任之所在。當違反了那約定時，就要對犯下的過錯進行反省，並且從中記取教訓，更有力地往前進。

這就是人的應有之姿。

這般獨立前行的精神，換言之，希望各位能夠予以重視，抱持巨大的勇氣，活出自身個性的精神。

請不要忘記，在那個時候，其實自己的存在，在佛的眼中，就像是七色光芒當中的一顆粒子般耀眼。

或許各位就像是夏天的夜空當中，綻放美麗花朵般的煙火。打上天際的煙火，在爆炸之後，會在夜空當中短暫地綻放美麗的花朵。那每一片花瓣，就像是各位的獨立精神之姿。

正因為花瓣每片各自獨立，所以才會看似正創造著偉大的和諧。那煙火並非是一片花瓣所構成，正是因為綻放著色彩豔麗的光線，所以看起來才像是展現出偉大的和諧。

各位有著各自的個性，彼此獨立前行，這並非是要各位過著獨善其身的人生。從更偉大的藝術觀點來看，各自獨立前行，其實是為巨大和諧做著貢獻。走在那般大和諧的道路的過程中，必須要獨立前行，並且作為佛子，必須要最大極限地發揮自己。希望各位能認識到如此事實。

由衷期盼各位能從佛的角度重新檢視自己，抱持著勇氣生活下去。但願能有更多這樣的人出現。

第三章

多樣的價值觀

1 對人的認識

在本章，我想論述關於「多樣的價值觀」的話題。

其實這和我的基本想法，有著密不可分的關係。能否認同多樣的價值觀，和此人的思想有著關聯。

大部分的思想家，在強烈提出某個思想之後，常常就會否定其他的思想。但是，我抱持著稍微不同的想法。雖然必須要貫徹實踐自己的思想，但我認為對於其他應該汲取的思想，也必須要加以學習。

最終，這和你如何看待世間、看待世人有所關係。

也就是說，認為「只有自己的思想、想法是真理」的人，在看待他人的時候，容易去給對方貼標籤，「這是對自己有利之人、符合自己偏好的人；這是對自己不利之人、合不來的人」。

然而，僅是這樣，不能夠說自己真正地對他人有所認識。要對他人有所認識，就必須抱持無限的愛去看待他人；抱持著愛來看待他人，就代表你必須對於認識對方感到興趣。這是有著關聯性的。

各位對於某人曾經徹底知曉此人所有的事嗎？應該沒有過吧。要真正認識一個人真的很困難，必須具有無窮的興趣，而這其中真是蘊藏無限的可能性。

一個人所積累的知識和經驗，足以與圖書館的資訊量匹敵，甚至還有可能凌駕那資訊量。就像無法徹底讀遍圖書館所有的書籍，要徹底讀透某人的想法或經驗，也是不可能的事。

也就是說，在觀察他人時，要對此人抱持多大的興趣、想要從中學習多少，就變得很重要。

要不要抱持著從他人身上學習的態度來觀看他人，這兩者之間會出現巨大的差異。

不想從他人身上學習之人、對自己有利之時加以學習，不利之時就加以忘記的人，終究會察覺到自己過去做了多麼可惜、浪費的事，丟掉了多麼有價值的東西。

所謂的教材，絕對不只侷限於學校的教科書。自己周遭的所有事物、人生當中遭逢的所有事物，所有一切皆是偉大的教材。要如何活用如此教材，最終就會成為此人的人生，以勝利告終或以失敗告終的分水嶺。

2 對他人感興趣的方法

我想，我從小就對他人很感興趣。

之所以對他人這麼感興趣，應該是因為我對我自己的內在，也很感興趣的緣故。

此外，隨著漸漸懂事，過去性格比較內向的我，也開始思索各種事物。

並且，相較於過去一直聚焦於自己的煩惱，後來則變成會對他人進行觀察。

他人和自己有何種差異？那差異到底是出自於何處？又為何會出現那般差異？彼此想法的差異，到底是由何而起？後來我開始思索這類事情。

在我懂事之後，我還以為自己的想法，是從自己獨立的個性衍生而出的想法，直到後來我才認識到自己的想法，其實是受到雙親強烈的影響。

但是，對於當時還十幾歲的我而言，尚且無法徹底了解自己受到了雙親多大的影響，自己對於事物的看法受到雙親多少的限制、控制。

那是在過了二十歲之後才漸漸知道。自己所說的話、所思考的事，當我從第三者的立場加以觀察時，我才發現那和家父、家母有著非常多相似的地方。對此我曾感到非常愕然。

當我把打從幼小時期建立的價值觀，理所當然地對他人訴說時，他人的反應可說是各式各樣。自己認為是理所當然、「這才是正確的想法」，但觀察他人的反應，我便感覺到好像不是那個樣子。

我雖然未必是抱持著笛卡兒式的想法，但對此我仍舊抱持著疑問。

「自己認為理所當然的價值觀，他人未必也是那麼認為。那麼自己的價值觀，到底是正確的嗎？還是錯誤的呢？」

當我對此開始深深地加以思索之際，我發現到自己和他人之間，在思考、思想、想法上有著很大的差異。

我舉一個例子來說明。

從小我就是在宗教的環境下長大。雙親信仰著佛神，對於靈魂的存在，我認為是理所當然。

一開始發生問題，大概是在我小學五年級的時候。當時，擔任隔壁班班導的女老師是一個很能幹的人，據說還參加了日本教師工會的活動。我曾被這位老師叫住，問道：「你說『有靈魂的存在』、『我相信有靈界』，你的話是以何為根據呢？」也就是說，那個人用老師的立場，像是在對我說：「我不相信無法實證的事物。」

的確，當時我認為要加以實證確實很困難。然而，有很多人已確認靈魂的存在，或者是有那般靈性經驗，而我自己周遭也有很多人有靈性體驗，所以當時我便以此作為我相信的根據。

但是，按照那位老師的想法，「自己無法相信自己無法體驗之事」。在那個時候，我深深地感覺到說服他人、拿出證明的困難。

同班同學都還是小學生，都還很純真，雖然想法還停留在「或許有靈魂，又或許沒有靈魂」，但大家沒有提出太多具體的意見，都願意聆聽我的想法。

不過，或許是因為那裡是四國某個山腳下的城鎮，對於靈性的信仰有所感應的人較多的緣故。同年級的朋友當中，有很多人曾說「在回家的路上，看到了人的靈魂」，也有人遭遇過幽靈。又或許因為是鄉下，所以我並沒有被看成是那麼奇怪的人。

但是當我高中畢業，進入東京大學求學之後，周遭人們的價值觀，就和過去有著巨大的不同。現實當中，像我一樣，單純地相信有靈性世界的人非常地少。有很多人抱持著，「相信那種東西，是和知識份子背道而馳，是背叛了知性」的想法。

我的親朋好友當中，也有人是天主教徒。然而很不可思議的是，此人幾乎不相信靈魂的存在。對此我深感疑問，而且很訝異。雖然此人自稱是虔誠的天主教徒，但對靈魂的認識卻是與我截然不同。

並且，看他的言行，我強烈地感覺到他很努力地遵守著道德規範。他謹守著戒律或紀律，對於靈性事物沒有什麼特別認識。此外，他似乎認為「所謂的神，僅能在耶穌的時代感覺到神，到了現代已經不適用那種說法了」。

對此，我感到很不可思議。明明相信著宗教，卻有人對靈魂一無所知、沒有感覺到靈魂的存在。

我曾和其他友人議論過靈魂，這個人也說「自己絕對不相信有靈魂」，「如果有靈魂的話，為何孩子出生之後，就出現了靈魂呢？為何藉由出生，就有靈魂的出現呢？沒有人能說明其原因」。

對此，我解釋道：「人在出生之前，就已經有靈魂的存在。是靈魂進行著輪迴轉生，生於這個世間啊。」對此說法，此人也無法相信，並說：「如果靈魂在另一個世界有著很高的知性的話，為何跑到嬰兒體內之後，就變得常常哭喊呢？那說法讓人無法相信。」

終究此人相信的思想是「阿米巴原蟲漸漸進化成猴子，猴子又進化成人類」。並且，很遺憾的是，當時我感覺到大多數的人都相信著如此思想。

這對我來說是很大的衝擊。從幼小時期，父母親便教導我要抱持信仰心、要對宗教抱持崇敬之心，但這和當時現實的周遭環境，有著相當大的落差。

不過，仔細加以思考，日本的教育並未教導人們有關於那方面的內容，所以或許那也是沒有辦法的事。

至今，我對於靈性事物始終抱持著探究之心。我也知道如此想法、對靈性事物的相信方法、看法，未必適用於其他人。況且，當時我也感覺到要讓人們理解到宗教的真相，必須經過非常困難的過程。

實際上，能直觀地相信靈性事物的人，和對那般事物完全不相信的人，兩者之間有著非常大的鴻溝。

如何去實證那靈性事物，亦是我今後的課題，但至少，無法冷靜地看待「他人是如何感受？自身樣貌、自己的想法，是被他人如何看待」之人，是不可能再抱持更高深的思想的。

3 發現他人的美好之處

就像這樣，當時我知道了他人的想法和自己有著巨大差異。

然而，在那之際，即便關於某種事物、某種信條，出現了和我自己不同想法之人，我也不會全然否定此人，亦不會斷定自己無法從此人身上學習到任何東西。

譬如，那時有很多無神論者，但從無神論的人身上，也有著應該學習之事。相信唯物論的人身上，也有很多應該學習之事。

並且，透過各種體驗，我發現到「不可以輕易地就貼他人標籤」。

人總是容易對他人貼上標籤。在我進入商社之後，我有非常深刻的感受。當時作為新進職員的我，有一位人士教導我很多公司的事，但在他的話語當中，「那個人就是這樣子的人」，他對公司的每一個人都貼上了標籤。

然而，我天生對他人就很感興趣、好奇，所以對於那些被他人厭惡、排擠的人，我反而會很想要聽聽看他們的想法。因此，當時我也常常和這些人吃午餐、喝茶。

於是，很有趣的是，當公司的其他人們看到我和那些人變成了好友，就開始認為「自己討厭之人的朋友或同夥，就不是和自己是同一掛的」。這對我來說，是第二件吃驚之事。

「和自己討厭的人成為朋友之人，也就變成是自己討厭之人；和自己喜歡的人成為朋友之人，就是自己喜歡之人」，當時，我了解到有很多人都是抱持如此想法。

然而，我認為「喜不喜歡這個人是個人的問題，價值觀能否相通則是另外一回事」。

在我學習的政治學當中，有一位名為卡爾・施密特（Carl Schmitt）的人，關於敵人，他曾發表過「敵人的敵人即盟友」的想法。如此二分法的想法，隨處可見。

這實在帶給我很不可思議的感覺，因為我了解到「每個人是無法基於自己獨特的價值觀，對他人進行判定、判斷的」。

我自己喜歡A的時候，我不會認為B也一定喜歡A，因為B是否喜歡A是B自己的問題。

此外，自己討厭A的時候，我也不會認定B也一定討厭A。「B或許喜歡A，而C或許討厭A」，我是採取如此思考方法的。

我察覺到，如此想法在日本社會中是非常特異的。那是因為，人們都會建立各自的村落社會，在那村落當中，大多會排擠異類。

我在那過程當中，著實學習到了很多，在那些被他人厭惡之人的身上、被排擠之人的身上，我學習到了眾多話語。若僅是從「此人是敵或友、是同夥或非同夥」的角度來看，實際上會漏看許多相當不同的一面。對於他人所貼上的標籤，真的是不可以全盤接受。

如同我在本書的第二章所述，正因為我抱持著強烈的「獨立精神」，所以我基於自身的想法，學該學之事、捨該捨之物，可是在當時，似乎他人無法理解如此想法。

然而，想要對所謂的「知」進行徹頭徹尾的探究時，就會明白存在於「知」的究極之處，即是「發現美好」。在那究極之處，存在著對他人美好之處的察覺、發現自己未知之事的敏銳感覺及感動。

換言之，就是「為何要和他人抱持相同的價值觀？對於他人所貼的標籤，自己為何要抱持相同的看法？為何不試著把那標籤撕掉看看」。

當然，採取那般想法、行動，常常讓我陷入非常不利的立場，也就是指遭受到他人的誤解。因為人們不曉得我是抱持多樣的價值觀面對他人，所以總是產生許多誤解。

直至今日，我依舊抱持如此想法。

作為幸福科學的總裁，我的身邊匯集了各式各樣的人們。若是問到我是如何看待這些人們，事實上我沒有任何一個討厭之人。我認為每一個人都有其優點，我很看重那些優點。

然而，匯集而來的人們當中，終究有著和我抱持不同價值觀的人。並且，當此人被我稱讚之時，就會感覺「只有自己特別被總裁喜歡，其他人應該沒有被這般對待」。就是有人會容易覺得「自己和其他人不一樣，被總裁這般喜歡，想必其他人沒有這般待遇，只有自己受到了特別待遇」。在教團剛創立之際，對我來說，如此想法亦是讓我感到非常的衝擊。

我可以對於不同之人抱持善意。但是，現實當中就是有人沒有辦法如此對待他人，並且還有人認為「此人喜歡自己，就表示此人不喜歡其他人」。我想，不管走到哪裡都有像這樣的人。

對於他人，我始終抱持著要發現其美好之處的態度。其結果，在我講述真理之際，我發現、察覺到各式各樣的法的美好之處。每個教義都有其差異點，但我能發現各自蘊藏於內的光輝、美好的內容。並且，即便那是對自己未能有所收穫的意見，但對於他人來說，應該也有能加以學習的內容。如此想法，讓我的思想逐步發展。

對於他人抱持的如此想法、價值觀，終究使我的思想茁壯、擴大。如此想法，至少對我自己本身，帶來了某種程度的豐盈。至今我仍舊認為，這讓我的思考方法變得非常豐盈。

4 思考善惡的問題

上一節我論述了對多樣的人們抱持關心、發現他人的美好的重要性。接下來我想論述的是，對宗教家來說，最應該加以對決的問題，那就是「思考善惡的問題」。

區分善惡，這著實非常困難，在某種意義上，這和要宗教家回答「何謂覺悟」一樣困難。「如何思索善惡」，對於如此提問的回答，將如實地表現出此人的思想觀。

當時我認識到了「在高級靈的世界當中，彼此的價值觀也有很大的差異。就算是被稱為如來、菩薩之人，也常常會抱持不同的想法」。這應該也算是一種發現吧。

我想過去的宗教，應該沒有如此發現。一般來說，每個宗教家都崇敬各自所相信的大神，指導靈、佛神，並且認為「自己所相信的教義即是絕對」。對於不符合這個教義的思想，就會看作是「異端」。

但是，我在幸福科學所發表的書籍當中，實證了「高級靈的想法也有彼此相異之處」。

這意味著，至今以平面的圖面來區分善惡的方式，就變得不再管用。對於善惡的想法，從平面擴展到了立體空間。「善惡的想法，既有高度，也有寬度，亦有厚度」，現今想法有著如此變化。

關於善惡的想法的高度、上下，從靈性世界、實相世界來看，的確有天國世界與地獄世界的存在。這也就是從古至今，關於善惡的思考方式。

然而，當時的我認識到了亦有橫向的善惡。在天國世界當中，彼此的價值觀亦有所差異。

譬如，在基督徒當中，有很多人認為「只有基督教才是正確的，只有耶穌是神的使者、神的孩子」。當這些人和佛教徒，或相信其他宗教的人們相遇時，彼此就會互指對方為惡。

那是因為，若是不了解、理解對方，最終就會認為對方是惡。

因此，在判斷善惡的想法當中，既有著依循佛的理法、宇宙的理法，區分出天國、地獄、各自的惡性頻率、良性頻率，亦有著因為無法理解對方，進而出現相斥頻率的可能性。

當時我了解到，「彼此無法理解、無法接受」的心境，足以讓惡發生。

如此來看，各位應該就能理解，關於善惡，我們必須要以空間性的看法來加以看待。

換句話說，在看待他人時，此人是善是惡、其話語是善是惡、其行為是善是惡，若無法認定此人有何種覺悟，則無法加以判斷。

若此人是尚未覺醒於真理之人，要判斷此人的想法是善是惡，真的是非常困難的問題。

意識的層次和自己相異之人，不可以逕自地就認定此人為惡。即便看到此人的善惡，但此時是否能站在對方的立場、次元加以思索，「如此思維也是無可奈何之事」，還是因此人未身處和自己相同的覺悟境界，就逕自地將其視為惡？對於他人的看法，即是有著如此的不同。

觀察母親或年長的女性，和小孩子們說話的樣子，就會看到異樣的光景。這些女性會用平常和其他大人說話時完全不同的說話方式，來跟小孩子們說話，她們會說小孩子容易聽懂的話語。就像這樣，人會根據不同的對象，轉變說話方式。

或許，這其中就存在著超越善惡的關鍵。

發生善惡的原因、前提當中，存在著「無法迎合對方、無法配合對方」的事實。因此最重要的是，要思索如何才能理解對方、如何才能站在對方的立場。

5 對二分法的考察

上一節對於善惡試著進行了思索，在這一節當中，我們必須針對二分法，再次加以考察。

人總是想要將事物區分為黑或白，對此，也有人用「黑、白、灰」三分法來考量事物。然而，我的想法既非二分法，亦非三分法。

善惡的發生原因，最終是因為人動不動就喜歡用「是或否」、「左或右」的二分法來看待事物。在這個「是或否」的世界當中，確實會發生善與惡。

超越這個「是或否」的世界，認同有多元價值的世界、多元的世界、多樣價值的世界之後，接下來就會出現「統整」的問題。關於「統整」，亦是一個很難的課題。

以二分法來看待、整理事物的確是比較簡單，因為要去統整多樣的想法，的確是困難之事。

在效果上，二分法的確簡單。然而，二分法當中，終究存在著根本的問題。那雖然是很簡單地就對他人進行判斷，但其中終究存在著眾多被捨棄掉的部分。

比方說，假如有一個水果的部分果肉出現了腐爛，你是會丟棄整個水果，還是切掉腐爛的部分，吃其他的部分呢？在二分法的作法當中，就存在著「腐爛的香蕉就是腐爛的香蕉，有一點腐爛的柿子就是腐爛的柿子，必須要將其扔掉」的想法。

對此，我皆是以「時間」為座標軸來加以思索。即便在此刻被區分了

「白與黑」、「善與惡」，但經過一定的時間之後，就有可能出現變化。我都是以如此方法來看待事物。

我認為沒有人「一輩子都是善人」或「一輩子都是惡人」。「一輩子都是善的」、「一輩子都是惡的」，到底有人會是這樣的嗎？時而行善、時而犯惡，幾乎所有人都是這樣吧！

因此，克服二分法的方法，不存在於某個特定時間，而是在於時間的座標軸，換言之即在於流動的時間當中。

這其實也是佛的思考方式。

從以前到現在，一直有著「若神是唯一、絕對的完美存在的話，為何世間會出現惡？為何靈界當中有地獄？為何會有撒旦存在」的大哉問。至今沒有人能對此給出明確的答案。所以為了回答這個問題，無論如何都需要具備「時間」這個觀點。

那是因為，在現今這個時間點加以切割，即便眼前是映照出那般模樣，但是從長遠的時間流動當中，有時會變化為不一樣的樣貌。

譬如，一百多年前日本出現了明治維新。當時維新的戰爭中，日本到處發生官軍與舊幕府軍之間的戰役。此時決定善惡的，到底為何呢？終究官軍這一派即是善，舊幕府軍那一派就是惡嗎？對此，我想試著進行思索。

在日文當中有一句話叫做「勝者即為官軍」，在當時，官軍屬於正義這一方。但是，若是將時代往前推五十年、一百年的話，那個時候為幕府而戰則是為善，對幕府興起叛亂或謀反即為惡。然而，在明治維新之時，向幕府挑戰的薩長土肥的聯軍變成了正義的一方，其結果受到後人的好評。對此，究竟應如何看待呢？

為了幕府堅持對戰到最後的人們，到底他們會認為「自己是惡人」嗎？

那個時候，人們還會使用天皇的威光，也就是「錦之御旗」，此為一個象徵，當時人們從過去就很在意「佛神是站在哪一邊」。的確，在歷史變化之際，的確有很多局面是「若不看佛神是站在哪一邊，即不知道哪一方正確」。

然而，在時間的演變中，終究會區分出善惡，若是新成立的明治政府是一個惡劣的暗黑政府的話，舊幕府勢力即會再度奮起，推翻新政府。如果是這樣的話，維新的戰爭，應該就會變成賊軍的叛亂吧！

由此來看，決定善惡的關鍵，終究是在流動的時間當中。

並且，也可以認為「基於當時價值觀的互相碰撞，其實創造出另一個嶄新的時代潮流」。

我將此比喻為打上岸邊的波浪。

波浪逐漸從海上打上岸邊，但那並非是直接就到了岸上。在那之前已經靠近的波浪會被岸邊反彈回來，若是沒有辦法超越這個波浪，新的波浪就無法往岸邊靠近。

就像這樣，早先前進的波浪會再反彈回來，抵抗下一個波浪的前進，若是下一個波浪無法跨越這個舊的波浪，就無法遂行自己的使命。

其實，歷史上各式各樣價值觀的對立、時代轉變之際的思想或行動的對立，或許就像這岸邊的波浪一樣，若是反彈的波浪力量比較強，新的波浪就無法到達岸上。

以上論述，即是我眼中映照而出的樣子。

6 關於一元論的看法

在眾多思想當中，有一個很有趣的思想，叫做「一元論」，也可稱為「光一元論」。

據說這是日本神道的思想。谷口雅春也是抱持著如此想法：「世界為光一元的狀態，善惡並非是二元對立。世間當中其實只有光明，黑暗並非實際存在，那是因為當光明出現時，黑暗即會消失。」

這其實也是一種出現於美國，名為新思考的想法。那般啟蒙思想、光明思想，也是採取光一元的想法。

思想家愛默生也是採取如此思考方法。他認為「世間並不存在熱或冷。

冷即是缺乏了熱。換言之，若是拿走了熱，自動就會變得寒冷，寒冷並非有著絕對的價值」。這即是一元論的想法。

然而，我認為以實質論、實體論來思索如此想法有困難之處，在思想上有其盲點。

的確，點亮了燈，黑暗就會消失，但這樣就可以說「夜晚僅是因為白晝不存在」嗎？「夜晚僅是因為白晝的太陽不在，所以夜晚並非是實際的存在」，那樣的理論即會演變為如此說法。但是，一千年前、一萬年前、一億年前，也都有白天和夜晚的存在。

就像這樣，每個時代都存在的事物，到底能夠說其「並非是實際的存在」嗎？終究在那只靠話語形成的想法、思想，有其變形之處。承認眼前現今的存在是真實的存在，之後再去思索如何看待如此存在，我認為才是正確之道。

因此，無論怎麼主張「夜晚並不存在」，但這種說法是沒完沒了的。

實際上，當戶外結冰、天空降下霜雪時，即便說著「寒冷並不存在，那只是沒有熱。之所以寒冷是因為缺乏熱」，這種說法只會讓人覺得太牽強了。聽在居住於寒冷地區之人的耳裡，或許會認為「那種說法太愚蠢了」。

人很難離開自己的立場去進行思考，即便說著「實相的世界、真相的世界即是如此」，但由於不知道實際上究竟如何，所以很難去理解那道理。

此外，即便實相世界是如來、菩薩的世界，但那事實上也並非是一元化的世界。那雖然是光的世界，卻儼然存在著「光並非僅是一元，光並非僅有一種」的事實。光在表現方式上亦各有差異。當我察覺到如此事實時，不得不認為「一元論有其極限」。

簡而言之，所謂的一元論，就等於說著「光源只有一個」。

然而，即便光源只有一個，但這道光要如何傳遞，方法是各式各樣。若是中間出現了障礙物，即會出現影子。此外，若是出現了糊紙窗門，把門上打一個洞，光就會穿過那個洞，而其他地方則無法穿過。就像這樣，即便光源只有一個，不過在光的前進方式和表現方式上則會出現差異。

在這層意義上，光一元論或許可以改為「光源一元論」。「就光源來說的確是一元，是出自於同一個源頭」，如此想法應該沒有錯誤。

然而，若是演變為「因為有一個光源，所以周遭都只存在著光」的想法，對此我認為有點牽強。

但是，在思考光一元論的想法、善一元論的想法之際，的確有難以捨棄的一面。

「透過承認惡是實際存在，惡就會變得肥大化、巨大化，繼而實在化。所以最好不要承認惡是實際存在」，光一元論即是如此想法。這其實也隱藏著真理的一個面向：「藉由承認惡的存在，惡就可能會像是往火上澆油一般燃燒」，的確有如此可能性。

然而，對此尚有另一個問題，也就是刑法當中的應報刑的問題。刑法當中有如此想法，「人必須償還自己所犯下的罪惡」。應該如何看待如此想法呢？

這就等於是在問，該如何看待近代的法治主義的想法。

觀察法律，很明顯即能看出那並非是基於光一元論、善一元論而訂定的。法律是基於二元論的立場所訂定，這非常明確。

並非僅是刑法如此，民法也是一樣。民法以「會發生紛爭」做為前提，訂定眾多平息紛爭的方法。商法也是如此、勞動法也是如此。法律是以「有可能會出現惡」為前提，而被制定出來。

對於那般法律，應該要如何思索才好呢？

如果說佛法是只要對人們褒獎的話、只要說「好話」的話，那就不需要戒律了。此外，也不需要規則。佛與人之間，也不需要任何約定了。

若是一開始彼此之間有約定的話，就會出現破壞約定的行為，所以如果一開始沒有約定的話，就不會出現破壞約定的行為。

這當中實在是存在著很困難的問題。

雖然有「藉由承認惡的存在，惡會逐漸擴大」的想法，但也有可能「因為未將惡認定為惡，因此而擴大了惡」。換言之，若是認為「無論是何種強盜犯人，此人的本性為善，只要看到如此實相即可」，此人就有可能會持續犯下罪過。

因此，主張光源一元論、法源一元論也無妨，即便法源為一元，之後的表現方式有可能是多種多樣。終究必須根據每個人的根器，以不同的方式加以說服才行。

對於有很高認識力的人，善一元、光一元的想法，在相當程度上，可以說是正確的教義。

但是，對於意識尚未有那麼高的人來說，就必須教導「何謂善惡」的教義。教導此人「何種事情不可以做」，是非常重要的，這也是教育的目的之一。

因此，我認為以下的思考方式，應該是最為合理。

首先在最初的階段，也就是說，在靈魂尚幼小之際、靈魂的認識能力尚低之際、靈魂的覺悟尚低之時，必須要學習何謂善惡、何為符合佛心。

之後，當通過了如此善惡二元的關卡之後，再教導一元論的思考方式即可。也就是「至今區分為善惡的事物，從佛的角度來看，其實有所不同」的想法。由二元論移轉到一元論的方法，即是提示「時間的流逝」的概念。如此想法我認為非常重要。

「從二元論開始，之後再將時間的流逝的概念，導入至相對性的二元

7 真理的閃爍

以上我講述了多方面的內容，至今各位必定看過眾多人們，學習了眾多教義，並且想必體驗了眾多「真理輝煌閃爍」的時刻。我認為體驗如此真理的輝煌閃爍，是一種無限的喜悅。

至今我接觸了眾多的真理、眾多高級靈的話語，每每能夠實際體驗各式各樣閃爍的真理，我真的是感受到無上的喜悅。

即便並非是那麼高程度的思想，但亦是綻放著一道真理之光的想法，越是沐浴在那般閃爍輝煌的真理，此人的悟境就越是會提升。

人生有眾多的喜悅，能夠感受到各式各樣真理的閃爍輝煌，應該也是一種幸福。

人總是會自我束縛地觀看事物。用「應該就是這樣」、「就只會是如此」的看法來觀看事物，的確會過得比較安心。

但是，一旦知道了「尚有與自己完全不同的想法，其中還蘊藏著真理」，想必那會是一個很大的發現，亦會感覺到很大的驚訝。

若沒有經歷如此驚訝，真理之門則不會開啟。認識真理即是一種驚訝，若不透過這般驚訝，則無法認識真理。藉由讓靈魂經歷新的事物、新的想法、新的現象、新的刺激，靈魂將感到巨大的驚訝，覆蓋在靈魂的外皮、外殼即會脫落而去。

因此，我想要跟各位說：「首先，航向真理的大海吧！航向真理的大海，實際感受那真理的閃爍輝煌吧！這一點非常重要。」

之後，當對各式各樣的事物感到驚訝時、對遇上未知的事物感到驚訝時，自己要如何消化那驚訝的感受，並將其化為己有，則是另一個重大的課題。並非僅是認識到有多樣性的事物，還要進一步將其統合、統一、彙整，我認為非常地重要。

屆時，即便自己最終又走回了起點，那也絕非是沒有意義的。即便走回了起點，一個是讓靈魂周遊了各式各樣的真理之後，返回了起點，另一個則是什麼都沒經歷又返回起點，這兩者之間有著巨大差異。那差異的部分，正是經驗的價值。

我希望各位能夠抱持以下的想法。

首先是「樂於品嘗法」的想法。樂於經歷各式各樣真理的輝煌閃爍，就相當於樂於品嘗法。希望各位都能體驗過一次「樂於品嘗法」的境界。

另一個想法是「登上法的階梯」，此為接下來的道路，希望各位對此不要忘記。並且，希望各位知道，這條道路是通向佛的道路。

8 藏於多樣想法的深處之物

最後，我想對於「藏於多樣想法的深處之物」進行論述。

人們之所以會覺得世界存在著多樣想法，原因其實是出自於人的認識力之極限。

譬如，對於觀看這三次元世界，人類的眼睛有其極限。人類的眼睛沒有辦法從全方位觀看眼前事物。對此各位是否曾經想過？

映於人類眼中的樣貌、世界，與觀看照片應該是沒什麼不同的。就像這樣，人類眼中的世界是二次元、平面的樣子。雖然在感覺上知道有深度，但眼中的世界，和看照片一樣，都只呈現二次元的樣貌。

因此，就算眼前有某個物體，但是人是沒有辦法從全方位加以觀看的。這就是人看事物的極限。

譬如，眼前有一個盆栽，但是人無法一次從全方位加以觀看。人只能從各式各樣的角度去看部分的樣貌，最後再自己全部連貫起來，進而對盆栽有著整體認識。

就像這樣，之所以會覺得有很多樣的真理，並非是起因於真理本身。盆栽就只有一個，但人們看盆栽的角度會有所不同。道理即是如此。

譬如，富士山就僅有一座。然而，攝影師會對富士山拍下各式各樣的照片，每一張的樣貌皆不相同。

那麼，就能夠以如此多種樣貌來定義富士山嗎？就能夠說富士山有著多樣樣貌嗎？富士山就是富士山，就只有一座富士山。對此，必須加以理解才行。

所謂多樣的價值觀，其實並非是指「富士山有好幾座」。若是忘記這一點，就會犯下極大的錯誤。富士山就只有一座，但若是拍下照片，就會呈現各式各樣的樣貌，僅是如此而已。

因此，之所以會覺得真理很多樣，其實僅是起因於人的認識力之極限。真理就只有一個、富士山就只有一座、實相就只有一個、佛只有一個、佛的教義就只有一種。然而，因為那些是立體般的存在，所以人那平面般的認識力，是無法加以完全掌握的。

切勿忘記，「他力的教義是真實，自力的教義也是真實。佛教是真實、基督教是真實、神道也是真實，各自皆有著真實之物」，當作如此想時，就落入了一個巨大的陷阱。

正確之物其實就只有一個。但是，由於人的認識力很薄弱，對某一個事物，會因為照片的拍攝方式、角度差異，而看到各式各樣的樣貌。但不可不知，具有高度認識力的人，一瞬之間，即能掌握其正確的全景、真理的全景之人，即會知道是不存在於那般多樣性的。

請務必了解「多樣性的認識」和「多樣性的存在」之間的差異。須知，「即便能有多樣的認識，但有時存在就只有一種」。

多樣的價值觀，最終必須回歸到這合一的價值觀。但願各位不要誤解了這一點。

第四章

未知的佛神

1 對佛神的鄉愁

在本章，我想論述自己是如何與佛神相遇、為何我會想到佛神，以及我在遇見佛神之前，是如何相信靈性存在的。

要談論我是如何開始感受到佛神，就不得不提到我的家庭環境。為了構築宗教性人格，我認為幼小時期的家庭環境非常重要。這是因為，年幼的孩子會率真地相信父母所說的，並在這樣的環境中自然長大。我之所以會相信佛神的存在，並且將其視為理所當然，我想這與我父母信仰佛神有著很大的關係。

雖然在我長大之後，充分體會到童年時期的家庭環境，有別於踏入社會後的環境，但現在回想起來，我對自己在年幼時期，能夠不帶任何批判色彩，接受佛神的存在，實屬非常幸運。

染上唯物思想活了二、三十年，突然要把己心轉向面對佛神，並非是一件容易之事，除非遭逢某些重大事件，否則是難以辦到的。

在這層意義上，或許我是非常好運的。

每個人的家庭環境各有不同，好比是否經濟優渥，是否位處城市便利之地、房屋的大小等等。然而，無論在何種生活環境成長，在幼小時期最重要的是，接受了何種人格感化或人生觀感化。

我認為，無論自己成長之處是何種家庭環境，只要有得到靈性人格的感化，終究我會步上屬於自己的道路。

如同奧古斯丁在《懺悔錄》中所述，那般偉大的靈魂，為了能夠與真正之神相遇，都還歷經了靈肉的試煉，承受極大的痛苦。

相較之下，就我自身情況而言，我從很小的時候，就能自然地接受靈魂、佛神的說法，可說是非常幸運。

由此看來，家庭中將靈性人生觀或信仰佛神之心植於赤子之心，是比什麼都還要來得重要。回顧我自己過去，我深切感受到今後在廣佈新的宗教和新的教義於世間之際，過去幼小時期家庭環境中的靈性教育，是何等重要。

若問我在那幼小時期的環境中，是如何感受對於佛神的鄉愁，具體來說，我即是透過「上進心」去感受佛神。

我從小開始，就異常強烈地感受到「自己必須做些什麼」的使命感。對於具體要做些什麼，幼小時期的我並不知道，但總之有著強烈「必須做些什麼」的使命感。當時我也感覺到「即便自己把所有重要之物全都投入、全都犧牲，亦必須要達成某種目標」，之後過了幾十年，亦持續追求至今。

在菊池寬的小說中，有一篇名為〈超越恩仇〉的短篇作品。內容描繪了一位試圖鑿山挖隧道的僧侶之姿。

過去在我內心深處，亦有著一股想要尋求某物，讓自己能徹底鑽研奉獻，也就是一種「即便要花上幾十年，我也想要從事艱難事業」的心境。打比方來說，當時我強烈地希望「為了讓村民能夠安全地離開家鄉，我希望能花上一輩子的時間，像那僧侶一樣鑿出隧道」。

此外，當時雖然我還是小學生，但我強烈地珍惜時間，想要完成某事。看到《廣辭苑》那樣的大辭典，即便當時還是幼小之心，但我曾強烈地希望「想要創造出如這般大辭典的事物」。

無論如何，來去於我內心想法的共通之處，即是「想要投入自己的全部時間，那並非僅是一個月或半年的時候，而是投入自己十年、二十年、三十年、四十年的所有人生時間，為一個有價值之物奉獻，並且想要成就一個偉業。若是可能，想要從事能對後世眾人有所助益的工作」。

2 對父親的回憶

當我回想過去年幼時期的家庭環境時，我想起兩位人士之事。其中一位是名為約翰・史都華・彌爾（John Stuart Mill，一八〇六～一八七三年），樹立功利主義哲學的思想家。他是比傑瑞米・邊沁（Jeremy Bentham）稍微年輕的自由主義經濟學者。

在《彌爾自傳》這部自傳文學的傑作當中，描述了彌爾在年幼時期是在何種家庭環境中長大，我想很多人都讀過這本自傳。

彌爾的父親是一位很優秀的學者，亦會和邊沁等人進行交流，自彌爾的小時候開始，就讓他接受很好的英才教育。因此，彌爾在大概小學的年紀時，就能讀懂希臘文和拉丁文，甚至是眾多艱澀難懂的書籍。作為天才的彌爾，其家庭環境對他的影響也很大。

然而，或許是因為他非常早期便接受了英才教育，很遺憾地，彌爾在二十歲之後的知性性向或靈魂性向，多少出現了極限或是停滯。可能是因為太幼小就接受高度的英才教育，所以在某種程度上，他的克己之心、向上之心出現了扭曲。

但是，我在讀了《彌爾自傳》之後，得知他父親給了他那般英才教育，感到非常的羨慕。

另一位是湯川秀樹。他也在《旅人》這部自傳作品中，回顧了自己的幼小時期。

湯川秀樹原本是小川家族的人，他的父親小川琢治是京都大學的教授，專攻地質學。在小川家族中，從小川環樹開始，輩出了許多優秀學者。湯川秀樹拿到了諾貝爾獎，他的其他兄弟貝塚茂樹等等，也都是很不簡單的人物。

湯川秀樹受到了父親及祖父的影響，從小就開始讀四書五經。我認為這般年幼時期的學問鑽研、靈性影響，對於造就後來的天才湯川秀樹來說，成為了非常大的養分。

我在年幼時期多少也經歷了類似的過程，那成了我現在莫大的喜悅。

家父是非常靈性之人，晚年他以善川三朗之名，作為幸福科學的顧問（現今為名譽顧問），出版了幾本著作。善川三朗這個名字，是取自於家父前世善無畏三藏的「善」和「三」，以及同為家父前世，日蓮六老僧當中一人的日朗上人的「朗」，再加上本來名字當中的「川」一字而成。家父即是以這個法名工作。

家父對於年幼時期的我影響非常大。此外，如果沒有家父的話，我想我是無法這麼快就遇到佛神的。

雖然家父並非是讀遍萬卷書之人，但從小學時期，家父給我的印象就是一個深思熟慮之人。或許家父所做的榜樣，引發了我的向上之心、克己之心。

家父的書架上雖然沒有那麼多的書，但擺在上面的每一本書，都被翻得破爛。其中，最令我感到特別的是《聖經》。家父讀過的《舊約聖經》、《新約聖經》都變得破爛不堪，書本都變形了，並且處處都標上註解，也劃了紅線，看起來已經使用了好幾十年的感覺。

因此，對當時年幼的我來說，光是看到那些書物，就感覺到父親是很愛好閱讀的。

此外，對於家父的過人記憶力，我也感到非常厲害。《舊約聖經》、《新約聖經》中的重要經句，家父不僅是默讀，他還曾自由自在地背誦出來給我聽。

家父除了曾告訴我關於《聖經》各式各樣的內容外，對於禪宗他也做了很多的學習。《無門關》是禪宗當中最為重要的教義之一，家父解釋《無門關》的內容給我聽，是我在大概十歲左右的事。

在我大約九歲、十歲左右，作為家庭教育的一環，家父曾對孩子們進行《聖經》、《無門關》等的經典解說。

家父在十幾歲時曾在矢內原忠雄門下的無教會派學習，之後，由於僅是基督教無法滿足他，他進入了「生長之家」，學習唯神實相哲學。也就是說，家父也曾接受谷口雅春的指導。那是戰後不久之事。

很有趣的是，家父在二十幾歲的時候，在接觸生長之家的思想的同時，也參與了共產主義的政治活動。

現今仍令我感到不可思議的是，年輕時期家父的心中，以很不可思議的方式，融合了唯物主義的政治改革思想，以及唯神實相哲學「本來沒有物質。本來沒有肉體」的教義。

但是，年輕時期的家父為何會對那感到興趣？我想那是因為馬克思主義的教義當中關於建設烏托邦的思想，以及生長之家的「本來沒有物質。本來沒有肉體」的思想，雖然尚未被充分地整理，但家父的心中，已經將這兩者相連結在一起。

由於受到家父的影響，我在小學時期就知道了何謂唯物論，也聽過《共產黨宣言》的內容。

除此之外，在家父的藏書當中也有西洋哲學史的書。雖然冊數沒有那麼多，卻有著被反覆閱讀的痕跡。家父也會對我講述西洋哲學。

我認識到康德的思想，是十歲、十一歲左右的事。康德的觀念論哲學，是在我大概小學高年級的時候，家父說給我聽的。

當然，那並非是以用正式上課的方式說明，而是在晚飯之後的聊天時，家父在家兄和我兩個小孩子面前，每天晚上對那方面內容講上一個小時左右。

家母並非是有做過學問的人，所以似乎有著無法跟上那內容的一面，但她知道那是家父唯一的樂趣，所以吃完飯後，她就會離開飯廳，在門後靜靜聆聽家父和孩子們講述一個小時各式各樣的話語。

關於家父的回憶，除此之外還有其他幾個。

我記得家父在假日，總是會把小說寫在筆記本上。我的老家並不大，他會把小桌子放在家中的角落，並在那裡書寫小說。

此外，我還記得在我們夜晚睡著之後，他會在茶水間寫下俳句。家父的俳句非常厲害，將其投稿至朝日新聞報，常常得到第一名。此外，每逢特別的時節，家父的俳句也常常被刊載。

受到如此影響，我在不知不覺之間，也養成了閱讀文學書籍、書寫詩篇的習慣。

在真理的學習上，我並沒有直接的老師，但從小時候，看著父親之姿長大，這對我來說是很大的學習。

3 克己之心

如前文所述，我就是在那般家庭環境中被養育長大。我想，最終，會因此而萌發克己之心也是理所當然的。

小學三年級、四年級、五年級的小孩，在學校當中所學習的，各位應該知道那是何種程度的內容。

但在那樣的時期中，我聽聞了完全不同次元的內容，好比康德哲學、馬克思或恩格斯的思想，無門禪師的《無門關》的解說、耶穌的話語或《舊約聖經》中預言者的話語等等。於是，我在年幼時期便充分明白，小學當中所學的內容和實際的真理有著差距。

然而，那個時候我心中所想的是：「對於小學生的我來說，既沒有做那般學問的力量，這也不是適合現在的自己的學習材料。自己現在能做的，就是不放棄將來學習那般學問的志向，好好地學習每一件事情，持續精進向上。」

也因此，就某種意義上而言，或許在那個時候，我已經看到了自己十年後的樣子。

之後的十年期間，我努力地學習學校的各種考試，那個時候我告訴自己，「為了日後能學習年幼時期聽聞的哲學、思想、宗教等，現在我必須要打好基礎才行」。

終於，經過了十年的時間，在我二十歲左右，踏入了我應該學習的世界。在我進入大學之後，我貪心地閱讀各式各樣的書物。當然，大部分都是思想書、哲學書。

當我回顧這樣的自己時，我真的感覺到「終究對人來說，克己之心非常重要」。要如何讓自己不流於安逸之心、不流於平凡的每日光陰，我想終究是「克己之心」。

抱持著「總是往前走一步」、「總是學習某事，將內容傳給他人」的心態非常重要。

學習，或者是說對於學習抱持著熱情，我認為這個行為本身即是一個偉大的才能。

有些人的欲求水準非常低，只要略知一二，便就此滿足。但是，也有些人無法滿足於稍微知道，而是想要不斷又不斷地學習，如此性格、意欲本身，我認為即是一個才能。

在各位當中，或許有很多人認為「雖然自己拚命地努力，卻始終沒有成效、沒有實際成績、考試也沒合格」、「就算在公司拚命努力，也未必會有所回報」。

然而，我認為有著強烈「想要學習」的意欲，這本身就是一個才能。若有著那般強烈的意欲、想要向上的強烈意欲，那將成為從平凡走向非凡的一個原動力。

也就是說，你到何種程度才會感到滿足。在學習、自我提升上，越是不感到滿足，此人的克己之心越是強，此人所攀登的山峰，也就會變得越高。

我生來就抱持著那般想法，自我滿足的標準非常地高，在知性層面上，絕對不會自我滿足。因為我對自己經常設定非常高水準的目標，所以總是達不到那目標。

在這層意義上，將人生視為一條向上的道路，或許從老莊思想來看，這是一種危險的想法。然而，對於過了幾百年、幾千年才得到轉生於世間機會的人來說，在此世想要盡情燃燒、為了眾人盡可能地做好工作，抱持如此心情我認為是理所當然之事。

從平凡出發，為了能到達非凡的彼岸，克己之心是必要的。若無克己之心，則不可能有真正的自我實現。

我認為不可太過於小看自己，也不可過於自我放大，終究必須經常保持放眼前方的姿態。大部分的人都安於現狀，不看未來。但是，試著掂起腳尖往前看的話，就會發現現在到底該做什麼、今後有什麼狀態正等著自己。

因此，抱持克己之心的原動力就在於，放眼將來的態度。只看現狀，人們總是容易感到滿足，但抱持著掂起腳尖、往前觀看的態度的話，終究就會明瞭自己應朝向的方向、自己該努力之事。

4 靈性人生觀

歷經了上述幼小時期的家庭環境，我漸漸地加深了靈性人生觀。

但是，不管怎麼說，我也漸漸地被世俗事物吸引。特別是進入思春期之後，我開始對異性產生憧憬。並且，我在想像各種女性的理想樣貌方面，花費了很多心思。

思索年輕人十七、八歲到二十二、三歲的時期，我認為其中具備了覺醒於宗教的必要素質。所謂覺醒於宗教的必要素質或條件，即是此人如何理想地看待這個世界。

我認為異性的存在，即是測試如此素質的常見方式。對異性能夠那麼憧憬、仰慕的青年時期、青春時代，我認為這對於人的靈魂來說，是一個巨大的幸福泉源。

但是，或許現在的年輕人，較少以憧憬的角度去看待異性，常常是基於衝動去追求異性。然而，在這思春期能對異性有多麼純粹地憧憬，這對此人往後的人生，似乎會產生非常大的影響。

此外，對於異性憧憬的那般心靈傾向，終將影響自己是如何想像他人或自己的理想人格。

然而，在這十七、八歲到二十二、三歲，有著諸多夢想、諸多理想之際，很諷刺地，在這期間會被預定經歷一次或兩次的挫折經驗。我自己也曾在此期間，經歷了許多次各式各樣的挫折。

此時，越是抱持著理想之人，其理想越是遠大，那「從懸崖掉落而下」的震撼也就越大。並且，此人的靈魂越是純粹、心境越是清純，就越是會感受到深刻的悲傷。

我感覺到，在認識靈性人生觀之前，終究必須要體驗過如此悲傷。那並非具備著積極的意義，然而若沒有經歷過挫折，或者是沒有與苦惱對決，沒有對於自身之姿流下過淚水的人，是無法真正地認識佛神的。對於未曾那般深刻地思考過自己的人來說，要此人認識靈魂、知佛神是相當困難的。

那悲傷的發生原因、根源，大部分的情形，是起因於理想與現實之間的落差。那落差越是大，青年的自己就越是會感到懊惱、苦惱、傷悲。但我認為那樣的傷悲，會成為一種磨練靈魂的銼刀或是砥石。

雖然有人大大地主張「天國當中沒有悲傷或痛苦」，但我認為那終究只是看到了人生一半的真實。

若是試著思索為何人生中會出現如此眾多的痛苦或悲傷，我想終究那是為了讓人類的靈魂質地變得更加美好，進而變成了一種加以磨練的銼刀。

若是僅是度過平凡的人生，無論如何都不會出現深入檢視自己的機會。也因此，也不會經歷到認識佛神的經驗。

在基督徒當中，有很多經歷大病的人。我並不是要推薦生病，不過在經歷那般生死交關的經驗之後，有很多人變得更加靠近佛神，這也是事實。這其實是佛神經過徹底計算，所給予的各式各樣的禮物。

既然如此，人們不應盼望自己的人生之路能變得平坦順遂，在各式各樣的環境當中，經歷各式各樣的艱辛之後，自己還能存活下來，應該對此抱持巨大的感謝之心。

所謂的靈性人生觀，終究必須經歷悲傷、痛苦，讓自身的靈魂發光發亮。在鍛造刀具時，不僅需要透過鐵鎚敲打被燒得火紅的鋼鐵，還必須要將其放入水中淬火。相當於如此淬火的行為，其實即是痛苦或悲傷。

即便是一個過著開朗人生的人，若是此人在過去曾經歷痛苦、悲傷，之後才過著開朗人生的話，他必定擁有一種難以言喻的風采、容貌。那並非僅是表面的開朗，而是在經歷了人生各種苦難，靈魂經歷了各種磨難之後，又再度回到原本的開朗世界的模樣。

5 與靈界相通

在度過了如此多愁善感的思春期之後，我終於在二十四歲時，變得能與靈界相通。

對此，我在《太陽之法》（台灣幸福科學出版發行）一書中也曾提過，我認為這是改變我人生的巨大契機。

然而，在我能與靈界相通之前，也曾歷經好幾年的靈魂糾葛、糾結。並且，我深深地凝視自己的內在，對於自己的過去也曾流下深刻的淚水。

「為何自己會活在虛假、虛榮當中？為何過去是純粹理想主義者的自己，曾幾何時變得裝模作樣、虛張聲勢、愛慕虛榮？為何自己抱持著錯誤思想，總是想要被他人認同，進而深陷挫折當中？」對於這般的自己，我曾經流下淚水。

我深深地反省，並且徹底感到悔悟。

原本是自覺於自身的平凡，進而向前出發的人生，但是從平凡出發之後，我也並非一直持續走在向上的道路，而是煩惱於理想與現實的巨大落差，進而再度被打入平凡當中，在各種事件當中，讓我再度看見自己真的是非常平凡。

當時對我的衝擊確實是非常巨大。然而，我認為正是在這種時刻，才可以測試自己能否以不屈不饒的意志再度站起來。

在這二十多歲之際，我陷入了「不知為何就是無法改掉如此惡劣個性」的困境。並且煩惱於無論如何也無法填補，理想的自己與現實的自己之間的鴻溝。

打從年幼時期我便養成了克己之心，所以我在內心當中，便一直想著「努力之後，若沒有回報就太奇怪了，無論如何都必須要有所成果才行」。但是，當時我經歷了好幾次「即使努力有時也不會有成果」的事情。

其中之一即是人際關係。在學校的學習中，只要努力就會有相對應的結果，然而在人際關係中，我深深地體會到努力未必會有所回報。

尤其我是鄉下長大的純樸青年，當我對都市女性有所憧憬，但在努力之後卻無法如願以償時，就會陷入挫折感的深淵。

之後，在我越是了解所謂的人際關係，就越是認識到世上有許多事情，並非是光憑努力就能如己所願。

於是，最後我察覺到「人是無法讓他人之心隨己所願變化的」。人的痛苦、人生的痛苦之一，即是「想要讓他人的心如己所願變化。希望他人的想法能和自己的想法一樣，想讓他人如己所想的那般對待自己」。

我發現把這視為理所當然，卻無法理所當然地實現時，人即會自己創造出痛苦來。

但是，除了看到了眾多的事例，自己也累積了眾多經驗，現在從事著真理傳道的工作，聆聽了眾人的煩惱，我深深地感覺到，如此問題其實必須要從另一個觀點觀看才行。

那即是必須要認識到「他人的心情很難加以改變」。

每一個人都各自被賦予了自由意志，要如何打造自己的心、如何行動，每個人都被賦予了權限。人雖然能夠給予他人影響，提供讓他人改變己心的素材、材料，但在根本上能改變自己的心的人，是他自己本身。

在我與靈界相通，體驗了靈性世界，與各式各樣的靈講話之後，我越是清楚了解到如此道理。

在那之前，我一直抱持著一個疑問，「為何會有地獄？為何會有惡靈？

為何會有惡魔」。「如果神是光明，是全智全能的話，如果光明的天使們有著那般力量的話，為何無法拯救惡靈呢？為何不把惡魔全部都拉上來呢？」過去我心中一直有著這般想法。

但是，當我深深地凝視自己的心、他人的心的時候，我清楚地了解到那原因是什麼了。

也就是說，我清楚地知道「雖然光明的天使們，能夠訓諭地獄靈們、惡靈們，或者是對他們提供覺醒的材料，但是卻沒有辦法改變他們的心。能夠改變他們的心的，是此人自己的力量」。

我了解到「無論給予他們多少的材料，能夠改變己心的人，唯有他們自己。只有自己能改變自己的心。大宇宙當中儼然存在著如此法則」。

對此，或許有人會以諦觀的角度看待，也就是將其視為無可奈何之事，然而我認為，如此法則還有著積極的一面。

那即是，當發現了「自己無法自由加以改變他人的心」的道理之後，是否就僅是如此理解就好了呢？

之所以無法改變他人之心的理由，在於「要如何決定己心，在於此人自己的意志」。既然如此，應該就能夠發現到「其實自己能夠改變自己那個煩惱於『無法改變他人之心』的心」。

「在煩惱無法改變他人之心之前，自己又是如何呢？能夠改變自己的心嗎？自己能支配己心嗎？能控制己心嗎？

首先，試著整治己心吧！

如果己心像是氾濫的河川，到處的堤防都潰堤、農地淹水的話，又為何能夠對他人說『讓你的河川筆直地往前流淌啊』呢？

自己可以整治好自己的河川嗎？」

對此，我有了深刻的體會。

連自己的心都沒有辦法自由地操控，卻為想要改變他人之心感到焦躁，我發現到如此之人是多麼的愚癡。

我感覺到，對於人來說，首先百分之一百地控制己心、支配己心，是多麼重要的一件事。

對此，我即是刻意地、專注地去控制己心。

我想要告訴各位，興起如此要控制己心的意欲，即是重要的第一步。

在悲嘆「他人的心不向己而來、他人不按照己意說話」之前，自己能抑制自己的心嗎？為何連自己的心都沒辦法靠自己的力量改變、支配，卻認為自己能支配他人之心呢？為何認為自己能改變他人之心呢？

世間當中有無數多的人，希望自己能夠被他人所愛。或者是，有無數多的人，希望自己能夠被特定之人所愛。並且，亦有無數多的人，在那個人的心不朝己而來之時，進而自己創造出痛苦。

那麼，自己的心又是如何呢？當檢視自己的心的時候，對他人有多少的愛呢？對於特定的人自己或許喜歡，但應該也有許多自己討厭的人吧？自己討厭的那些人，或許他們也希望自己受到他人所愛。但是，大家的心的愛之方向都不會改變，所以這就會讓他人感受到痛苦也說不定。

既然如此，首先就必須要改變自己的內在。

如此想法即是我的出發點。

原始佛教當中釋尊所講的教義，出發點都在於同一處。心靈的平靜、心靈的控制，「在喜怒哀樂當中，自己要如何開拓解脫的境地」，此為釋迦佛教最初的起點。

「人總是會流於情緒。人總是會流於喜怒哀樂，心情總是上下左右地搖曳不定。在如此狀態之下，要如何發現恆常的自己、不變的自己、不動的自己？要如何才能進入中道，找到自己的安定之心？」

對此，過去釋尊曾不斷地進行思索。

「向外求得的喜悅，終究是虛無的；向外謀求覺悟之因、幸福的種子，那亦是虛無的。朝己心而求吧！朝己心播下種子吧！耕耘己心吧！」

這即是釋尊的覺悟的出發點。

並且，釋尊以各式各樣的角度，教導人們如何自己控制己心。那從各種角度的教導方法，其中一個即是八正道，又或者是六波羅蜜多。

透過自身的體驗，我深深地自覺到，最終我返回了佛教的原點。

6 真理與商業的相剋

如此與靈界相通的我，幾乎在同一時期成為了商社的職員。我同時體驗了商社世界及靈性世界，這兩個不可思議的世界。

我會在假日或平日的夜裡，打開心窗，與各式各樣的靈進行對話，同時也會和惡靈對話。一邊過著這樣的生活，白天作為商社職員，從事著與國外進出口貿易的工作。

這實在是很不可思議的感覺，在這段期間，我的靈魂得到莫大磨練。

商社的世界，或許還不到證券交易員的世界的等級，但那是需要眼明手快、不容大意的世界，每天都有非常多艱辛的工作等著我。

那是一個需要無時無刻轉換自己的腦筋、必須當機立斷的世界。而且，不管是文件或電話，到處都是使用英文，是一個任何時刻都絕不容許腦袋放空的職場環境。

在如此狀態下，一個是「具有著瞑想體質，想要深入禪定，探究心靈世界」的自己，另一個是「在職業的世界中，想要充分發揮自己，嶄露頭角」的自己，這兩種心境反覆地衝撞、相剋。

出了社會身處於商業世界當中的自身之姿，以及探究真理的自身樣貌，我花了三、四年的歲月，才終於找到兩者之間某種程度的一致之處、妥協點。

那即是，我發現到自己的應有之姿，難以是恆久不變的。在社會中接受著磨練的自身之姿，以及探究真理的自身樣貌之間，有著非常大的落差，要彌補那般落差有其困難之處。

然而，在歷經各種艱辛，遭受各式各樣人們打擊的過程當中，漸漸地我便睜開了雙眼。那是指，把內在的心眼打開的同時，我看待外在世界的眼睛也逐漸打開。

在那段期間，我徹底研究了「上班族的痛苦，到底是從何而來？人類社會的扭曲，到底是出自何處？為何會有感情上的衝突？為何人會想要求功名、頭銜、金錢呢」。

此外，在海外的時候，我還學習了「外國人到底是抱持著何種想法」。

除此之外，我還透過商社生活，學習到用不同角度來觀看事物。商社職員皆站在國際視野的立場工作，甚至有時還必須脫離身為日本人的立場，站在外國的立場來思考事物。

譬如，舉一個貿易型態的例子。如果人在日本，就是出口的生意，但若是人在美國，就是進口的生意，兩者完全顛倒。於是在出口的時候，心想

「就這樣做就好了」的事，站在進口的角度來說，就是完全顛倒的內容。我過去經歷過眾多如此體驗。

就像這樣，我曾經歷過「以完全不同的觀點、顛倒的觀點來看待事物。此外，還曾藉由各種不同的角度、以外國人或不同環境下成長之人的角度，來觀看日本或日本人」，這對之後的我來說有著很大的影響，我認為那讓我發現了新的立足點。

在反省之時，雖說「要以第三者的角度觀看」，有很多不了解到底何為善意的第三者。然而，當我用地球規模般的第三者的角度，來觀察自己的生活行動、工作方式時，我被賦予了新的思索材料、思考材料。

我經歷了以外國人的角度、站在外國人的立場，觀察日本人、觀察日本人工作的經驗。這讓我在那之後，知道該如何反省、該以何種立場客觀地看待自己。這對我來說是極為重要的經驗。

第五章

存在與時間

1 何謂存在

在本章中，我想要揭露我對於「存在」的想法。

存在的想法，是很接近我的核心思想的想法之一。那是因為，在這三次元的地上世界中，所有的哲學發現、真理發現，都和「如何看待『存在』、如何凝視『存在』、如何解釋『存在』」有關。

睜開眼睛觀看外在世界，即可發現各式各樣事物的存在。到底是僅僅漫然地看待那些事物，還是掌握存在於那些事物背後的精神，這便成為了區分此人所度過的到底是何種人生的指標。

一個僅是觀看事物的外觀、外在的人，另一個則是思索事物存在的意義之人，兩者之間有著巨大差異。

徹底思索存在的意義，並予以徹底闡明之人，被稱為覺者。

現今世間有著「宗教」、「哲學」、「思想」等，各式各樣領域的學問，但那些都是起始於同一個行為。

那即是，「如何看待世界，並且如何看待身處世界當中的自己。要如何說明、解釋這個世界以及世界當中的自己」。所有的學問，都由此出發。

佛教亦是如此。佛教非常重視「緣起之法」。

「為了產生某物，就必須要有原因。有原因，則有結果。事物之所以出現，是因為有好幾個種類的原因，而作為那原因的結果，就必定會出現某些現象。

因此，若是那現象是壞的現象，就必須先從原因行為加以修正。對於過去，藉由反省，除去原因、惡種。此外，對於未來，也不要撒下會產生惡性現象的種子」。

以上即是緣起之法當中的核心思想。

現在，請試著靜靜回顧自己。到底自己是什麼樣的存在？有很多人每天都很忙碌，我想在各位當中也有很多這樣的人。各位對於自己到底是何種存在，應該曾幾度思量。但是，大多都是在沒有給出解答的情況下，就忘了這個問題吧。並且，盡是汲汲於說明現象、說明發生在自己周遭的事物。

譬如，如果是在公司上班的人，就是把在公司工作當成理所當然的事，腦中盡是想著「要如何工作？要如何獲得他人好評？要如何分配獲得的收入」，滿足於現今所經歷的各式各樣事物。

但是，「自己現在正在做什麼？自己到底是為何而生？自己是從何而來，又從何而去」，如此根本性的提問，絕非僅是被稱為青年之人的特權。

即便在高中時代、大學時代，曾經思量過「自己是從何而來，要往何處而去、自己到底是何種存在」，但各位應該已發現到，在還沒找出那答案之前，自己又會迷失於每天的忙碌生活中。

然而，各位是否曾想過「不知自己到底是誰、不知自己是從而來、要往何而去、不知世界到底是何種模樣」，如此狀態是何等地浪費人生。

當看到存在於世間的萬事萬物，請試著想想其存在意義。請從「為何會有那般存在」的提問出發。

「為何會有人的存在？為何會有花草？為何會有動物？為何人必須吃食物？為何人會出生？為何人會生病？為何人會老去？為何人會死亡？死亡之後又會變成怎樣？此外，世界又是如何呢？地球自轉一圈要花一天二十四的小時？為何地球一邊自轉，又一邊繞著太陽轉？為何太陽要那般放射光與熱？

靈魂真的存在嗎？如果存在，會發生什麼樣的事呢？

此外，如果有佛的存在，佛會如何看待現在的自己呢？」

佛給予了人類思考能力、給予了名為「思考」的力量。如果不以那般力量，去徹底思考存在的意義、何謂存在，那麼我認為各位在今世擁有生命就沒有意義。

各位在心中想著「或許有靈魂的存在、或許有佛的存在」，但各位是否對要加以深思感到害怕呢？

請假定有佛的存在，並試著眺望自身之姿。於是，你是呈現何種樣貌呢？從佛的角度來看，你是何種樣子呢？此外，地球又是呈現何種樣貌呢？佛會如何看待世間呢？

甚至於，佛為何要創造出男女？

若是有靈魂存在的話，並且人的本質是靈魂的話，那靈魂正寄宿於肉體當中活於世間的話，自己的人生觀應該就會有所變化了吧？應該就必須察覺自己已迷失了自己的現實吧！

希望各位能如此問問自己。

2 存在的根源

關於「存在」，我提示了幾個疑問。

那麼，在世間有著人類、物質、空氣、太陽、水，這些存在到底是起源於何處？

對此，有各式各樣的人提出各式各樣的見解。有人認為世界的根本要素是「土、水、火、空氣」，也有人認為「萬物皆是乙太構成的」。

然而，我持續探究的結果，了解到這世間儼然存在著「心念會具象化、表象化」的法則。

在這世間當中，若是想要努力創造出什麼東西，終將會產生實際成果。

譬如，就像用黏土做出東西一樣，在這世間，若是想要開立公司、想要做某項工作、想要打造飛機、船隻、電腦，努力的結果，最終就會出現成果。

那些僅是出現於世間的現象。但是，「有著那般想法的人，為何會出生於世間？此外，人在創造東西時所使用的材料是如何出現於世間？這個大地為何會出現？人是如何出現的？人類真的是從阿米巴原蟲進化而來的嗎」，如此疑問是一個終極大問。

我也曾對於那存在的根源，進行了各式各樣的思索、思量、體驗、經驗。並且，現在得到了一個答案。

那即是，「在所有存在的根源有著意念，有著想將其表現而出的意念。如此意念被表象化後之姿，即是這個三次元世界」。可以說，如此三次元世界存在的根據，在於有一股試圖將其表象化而出的力量。

人之所以生於世間、出現於世間，是因為有一股「人啊！出現吧」的念頭、有一股想要創造出人類的念頭。若是沒有那念頭，人類就絕對不會出現。

具體來說，就像是父母親生出小孩一樣。小孩的身體成分，是來自於母親攝取自世間當中的食物養分。而之所以母親能夠生出小孩，是因為其母體有那般功能。在那功能的背後，存在著心的作用。而創造出那心的作用的，不是別的，即是佛心。

存在那遙遠異次元世界的背後的背後的背後的佛，創造出四次元以上的多次元空間。並且，那相同的意念，創造出這名為三次元世界的特殊物質化世界。在那股意念當中，存在著想讓人類出現的念頭。

如果那般意念的性質改變的話，人類就有可能生出動物，而動物就有可能生出人類。

播下向日葵的種子，種子成長之後之所以會開出向日葵的花朵，是因為有一股意念同意它開出向日葵的花朵，有一股加以支持的偉大生命能力。而那意念即是佛心。

這對曾經實際體驗四次元以上世界的人來說，是難以否定的事實。

更何況，對於靈性世界當中的人們、變為靈性存在的人們來說，意念即是行動，行動隨即出現結果，這是一種常識。他們實際經驗著「即便不是佛的人，也能藉由意念創造出世界、藉由意念變化自己的形象、藉由意念創造出各式各樣的物體」。

並且，為了證明那是真實的體驗，作為證據，我出版各式各樣的靈言集、靈示集。靈人們在降下靈示之後，其內容變成了書籍。雖然那書籍是三次元固體化之物，但其根源的思想，其實是出自於四次元以上世界。並且那些是綻放著光芒的思想。那般光芒，被翻譯為三次元之物，作為書籍出版問世。

一旦知道了如此事實，「意念會以形體展現而出」之如此儼然存在的法則，就難以加以忽視。

換句話說，存在的根源即為意念，意念的根源即為佛的意志。佛的意志創造出個別的生命體，個別的生命體汲取佛的意志，再創造接下來的事物。這就是創造出宇宙以及這個地球的歷史祕密。

我藉由各式各樣地涉獵、探究靈性世界，終於發現了如此祕密。

這個世界，的確就是一個心念的世界。

在《聖經》當中有一節寫著「太初有道，道與神同在，道就是神」，我認為這個「道」可以更換為「意念」。「太初有意念，心念與神同在，意念就是神」。換句話說，神就是就是意念。並且，意念創造了一切，言語便是意念的展現。

3 愛的奇蹟

在我探索存在的意義、存在的根源時，我感受到了一個奇蹟。那讓我不得不相信有一個超越常識的奇蹟。

雖然世人抱持著懷疑的態度，但靈性世界是百分之百存在。對此我可以向各位保證。

然而，世間的眾多人們實在是太過於害怕自己被欺騙了。特別是，即便是宗教的專業人士，也難以相信他人所說的話。

那都是基於自我或者是偽我的角度，來對世界進行解釋所致。之所以會抗拒相信有靈界的存在，都是因為人們認為可以用自己的小腦袋，去解釋所有的事物。

不得不說，如此見解，忘記了靈性世界以及反映靈性世界的三次元世界，是作為佛之愛的奇蹟而出現的。

佛是偉大的愛。佛基於偉大的愛，創造了萬事萬物。佛的意念的原動力、佛發出心念的原動力存在於愛。

若問何為愛，那即是「變良善吧」的意念、「繁榮吧」的意念、「變幸福吧」的意念。那般意念結實之後，以各式各樣的現象，表現於現實當中。

各位在思索這世界之事時，不可忘記存在於背後的愛，以及那興起奇蹟的愛的力量。

並且，每一個人皆能見證那愛的奇蹟力量。即便是在這世間當中，只要有愛，無論任何困難都可加以克服。

我在對自己的「存在」最有感觸之時，即是感受到愛的存在之際。當感覺到自己當中的愛的時候，感受到自己以外之處也存在著愛的時候，我瞬間明白「為何會有自己、為何會有世界、為何會有他人、為何會有動物、植物」。

解開存在的意義、世界存在的意義的祕密之關鍵，即在於「認識愛」。從愛的觀點，凝視存在本身之時，即會發現當中的一個祕密。

請試著從愛的觀點，試著對人類進行思索；請從愛的觀點，試著對自己進行思索。

自己的成立，是基於雙親的愛。並且，那雙親亦是佛所創造的。因為有那般佛愛，所以才有現在的自己。

更甚至是，作為自己為佛所愛的證據，自己被賦予了所有。

在自己的周遭有他人的存在，這是多麼令人感激的事。到底世間當中有多少人會感謝他人的存在呢？

不可不知，他人的存在本身，對於各位每一個人都是一種愛。

因為有他人的存在，進而成為了集團，變成了社會，繼而各位才能於其中工作、才能於其中發現生存的價值、才能於其中表現自己。只有自己一個人是無法表現自己的。有眾多他人的存在，以及讓他人得以出現的這個世界、環境，方才能夠表現自己。

若是各位在這大宇宙的空間當中、真空當中，只有自己一人漂浮著，你到底能做何種工作呢？到底你能如何表現自己呢？到底有可能做出何種努力呢？到底要如何認識自己呢？

對此思索之際，必須要認識到他人的存在即是愛。

各位現在必須認識到「自己本身即是愛的存在，自己的周遭人們也是愛」的這個世界。在愛的世界當中，存在著展現著愛的自己。愛與愛會互相吸引，愛與愛會創造出嶄新世界的未來設計圖。在這般奇蹟的空間中，各位現在正活於其中。

須知，這個愛，其實就是所有存在的根據。眼前為何會有桌子？那不也是一種愛的展現嗎？不也是一種讓人感到方便的一種溫柔之心的展現嗎？眼前為何會有雞蛋？為何會有米飯？為何會有空氣？為何會有水？為何會有飲料？為何會有床鋪？必須知道，那所有都是愛的展現；必須知道，那些都是被覆蓋著愛的羽毛的存在。

愛的奇蹟，這即是存在的根源。

各位必須要從如此的世界觀出發才行。

4 作為存在的運動形式的時間

在上一節我提到了「出現於世間的所有萬事萬物，皆是愛的表現、愛的展現。這即是存在的根據，使存在得以存在的力量」。

在此，我想論述關於「時間」的話題。關於時間的想法，其實是解開人生祕密的關鍵，也是人的存在意義的關鍵。在三次元世界當中，需要從存在的觀點以及從時間的觀點來解釋世界。

如果沒有時間的話，這個三次元的所有現象，都會變成像是靜止的畫面。那意味著什麼呢？那就好像是櫥窗當中的人形模特兒一樣。各位會認為那是真正的世界嗎？

現在，若是停住地球的轉動、人們的行動、空氣的流動、水的流動、太陽的動作，停住所有的一切，此時會出現什麼呢？那裡將沒有任何存在，只有單純的影像、影子，只有映照在膠卷上方的過去之姿、過去的影像。

請試著想想，這個宇宙、地球靜止下來的樣子。就在閱讀這本書的此時此刻，請試著想想，在現在時間停止之下的自己的樣子、世界的樣子。

要奪走各位的生命，不需刀刃，也不需槍砲，只要時間停止，各位的生命即會消失。因為各位就變得沒有存在意義。如果這個時代一瞬間結凍起來，生命就會變得沒有存在意義。

之所以時代能作為時代，人之所以能活於時代當中，其背景存在著「時間的流動」。

佛是不得了的發明家，在佛的發明當中，沒有比時間的發明，還要來得重要的東西。

若是佛沒有發明出時間，那麼佛所創造的世界，到底會變成怎麼樣呢？那會是完全靜止的狀態、完全沉默的狀態、完全不動的狀態。並且在那狀態之下，某種東西突然出現，某種東西又突然消失，只會有如此事情反覆發生。

時間的發明，其實是創造出世界的巨大發明。能想到時間的流動，真的是最大的發明。

「藉由意念創造表象」的發明，和「藉由時間創造世界」的發明，這其實是兩項巨大的發明。雖然佛創造了各種東西，但沒有任何東西比這兩項發明還來得重要。一個是物體顯現的法則，另一個是時間的法則。

換句話說，藉由有運動形式的時間，所有的存在，皆被保證能夠有所發展。如果沒有運動形式的時間，那就僅是靜止的世界，不會有任何發展、變化的世界。

5 時間的本質

接下來，關於時間的本質到底為何，進行更深的思索。

對於人來說，所謂的時間，能夠用時針加以測量。時針的轉動速度，則因地球的自轉和繞著太陽的公轉，藉由這自轉和公轉的速度來加以決定。

由此來看，時間彷彿也有其個性。也就是說，地球時間有作為地球時間的個性。

在其他行星上，假設生存著接近地球人類的知性生物，對於那行星上的存在而言，時間或許和地球的時間有所不同。依據那行星的自轉速度和公轉的速度，也就是繞著恆星旋轉的速度，那行星上的人們的時間就變得有所不同。

若是該行星的一天，相當於地球的一個月的話，那麼那些人們的移動速度應該是非常緩慢。此外，若是相反的話，想必他們一定是過著彷彿快轉的卡通畫面般的忙碌生活。

對於時間進行思索之時，我不得不說「時間也有其個性」。雖然各位容易認為時間是一定不變的，但其實在這個大宇宙當中，存在著複數的時間、存在著異質的時間、具個性的時間。

並且，如此具個性的時間，不只是地上世界，天上世界亦是如此。那將以靈性的進化速度表現出來。

各位皆以相對的評價來決定「快」或「慢」。然而，那速度快或是慢，會因以何為基準予以測量，進而出現變化。因此，沒有絕對性的「快」或是「慢」。

植物的動作、生長，看在人的眼裡非常緩慢，感覺植物是不會動的。但是，若是長時間拍攝植物的話，就會發現植物和動物一樣都會動。換句話說，和人的運動速度相比，植物的運動速度非常緩慢，所以看起來才會像是靜止一般。

在思索時間之際，必須知道「其實時間也帶有多樣的個性」。

在人的眼裡，雖然會那般看待植物的動作，但從植物的角度反過來看人時，請試著想想那會是何種樣貌呢？從植物來看人，那必定像是以異常的速度移動著。就像是新幹線或超音速客機從眼前經過一般，人以異常的速度活動。

試著由此來看，所謂的時間，在本質上並非是一定不變的，也不是絕對的。時間有它的運動形式，亦有它的多樣化、個性化。

時間，是意志的出現過程中所出現的，也是指意志表象化之前的期間。

藉由那意志的不同，時間的速度也會出現變化。

這是非常哲學性的解釋，或許對於很多人來說很難理解。然而，若是不充分掌握這時間的概念，是無法了解真正的世界觀的。須知，反過來透過時間來觀看這個世界是非常重要的事，此外還必須知道，佛發明了時間，也是一種發現。

在人的眼裡，人的姿態是充滿著個性且多樣的，但是從佛的世界來看，或者是從高級靈的眼睛來看，這個遍佈大宇宙當中的時間，也具有著個性，也是具多樣性的。

並且，即便同樣是在地球這個地方，時間也具有異質性、多樣性、個性化。植物的時間和動物的時間有所不同。此外，那又跟人的時間又有所不同。地球存在著如此不同的世間。

那些不同的時間，最終是以存在的運動形式表現出來，那些存在的運動形式，其實亦是愛的顯現形式。創造出時間的是愛的展開的世界，愛的變化的期間，稱之為時間。

6 名為人生的時間

在本章結束之前，我想要試著思索「人生與時間」。未曾以時間的觀點來重新檢視自己人生的人，是人生敗北之人。

地上的時間，從時鐘來看，每分每秒的時間都是固定。然而，從「每個人都有著固定的時間」的觀點來觀看人生時，你會做如何想呢？這是很不得了的事。為何學校不教導如此發現呢？對此我感到非常的不可思議。

眾多的人們認為，「每個人皆被平等地賦予了時間」。原來如此，時間確實被平等的賦予。每一個人都被賦予了一天二十四小時的時間。但是，在每個人的人生速度上，時間有著何種含義，是截然不同的。

如果人生於世間之時，就知道自己有多少壽命的話，此人的人生或許就會變得不同。被賦予了八十年人生的人，和被賦予了三十年人生的人，和被賦予了十五年人生的人，說不定其人生的速度會有所不同。當知道了自己的壽命是有限的，各位的人生態度應該就會有所改變吧！

以金幣來比喻人生的時間，「每個人被賦予了八十枚金幣，或者是五十枚、三十枚金幣。要如何使用這些金幣，即是每個人被賦予的使命」，有人用這樣的觀點來思考人生，這實在是非常精準的比喻。

「要如何徹底度過這具有個性名為人生的時間」，為了思索如此問題，就必須要認識到每個人的人生時間皆是固定特有的。

每個人皆是活在固定特有的時間。人並非是活在時鐘所計算的時間當中，而是活在自己固定的時間當中。

在這固定的時間當中，存在著兩種看法。每個人皆各自活在固有的時間，有兩個要素構成那般時間。

一個是被稱為「相對時間」的時間。這是與他人比較之下衡量而出的時間。譬如，和他人一樣上課一個小時、睡眠八個小時，這稱之為相對時間。

與此相對，還有「絕對時間」的尺度。這是指「在人生當中，對於真正有意義的事物所使用的時間的效果，和對沒有意義的事物所使用的時間的效果，這兩者之間有著無限大的差異」。

當把每個人所賦予的時間視為金幣的話，將那金幣使用於何處，結果當然會出現差異。將那金幣作為資本，成就美好工作的人，其結果就會出現報酬。若是浪費金幣，將其丟到水溝當中，最後就會出現相對應的結果。

換句話說，「絕對時間」是以「花費了多少時間，在符合佛心的事物上」的觀點來加以衡量。

當使用這絕對時間的觀點來衡量之際，每個人的人生，將會出現截然不同的結果。即便都是活了七十年的人生，一個是在絕對時間當中，妥善運用那時間的人，另一個僅是活在相對時間當中的人，這兩個人是活在完全不同的時間體系，最終人生結算的成果會變得相當不同。

希望各位在思考人生時，能夠使用這兩種對於時間的不同看法。

我們在世之時，存在著相對時間和絕對時間。相對時間是能與他人共有的時間，是能和他人一樣處理事物，為了生存下去的生活時間。相對於此，絕對時間是對真理所使用的時間，這個是能無限延伸的時間。

譬如，釋尊在說法時所使用的一個小時的時間，能夠延伸至兩千年、三千年後。此外，聆聽那說法時所花費的一個小時，對於此人的靈魂來說，能與幾千年的學習價值匹敵。

我想要告訴各位，增加這般絕對時間的量，其實就是讓人生勝利的偉大祕訣。增加絕對時間的量，最終亦是讓各位獲得勝利的方法。

第六章

達到非凡的愛的高度

1 內省的感覺

本書主要記載了從平凡出發，直至為了達到非凡境界所做的精神格鬥、精神層面的想法。此外，書中亦載明了，在那過程當中，我的想法到底是源自何處、是由何而來。

當平凡之人孜孜不倦地，如烏龜一般一步一步向前努力時，終將會提升覺悟的境界。我透過本書，從各式各樣的角度，提示了邁向覺悟境界的道路。這僅是對於覺悟的一種試論，或者是一種邁向初步覺悟的邀請函，我想要告訴人們「從平凡出發之人，在覺悟上能成為無極限之人」。

身為人轉生於世間，難以度過隨心所欲的人生。

但是，無論天生有著何種能力、生於何種環境、在何種生活環境下長大，在每個人所身處的環境中都有各自的覺悟，都有符合各自環境的覺悟的發展階段。並且，其覺悟的發展階段，無論從哪一條道路進入，都終將朝向佛境前進。此為不爭的事實。

因此，各位必須加以重視的，應該是邁向覺悟的心境、心的態度。所謂的覺悟，其深度、內涵有著世人難以理解之處。為了明確出覺悟的內容，我持續將各種書物公開於世，但作為邁向覺悟的第一步，我希望各位能夠重視內省。

不曾內省之人，不會有精神上的飛躍。所有的哲學、所有的思想、所有的宗教，此外，在真實的意義上，所有的科學，也是源自於內省的感覺。事實上，人們是獲得了在實在的世界中已經成就之事、已經出現之事。

在這層意義上，沒有任何事是比內省己心還要來得重要了。

我在二十四歲的春天與靈界相通，在那半年前開始，就有非常強烈的內省感覺。那是一種對於過去的自己非常深刻的反省之心，亦是一股對所有生物的慈愛之念。

譬如，我還記得從前對於游於河中的魚兒的死去，當時自己有著一種非常敏感的感受。

那是在我大學四年級，正值畢業前的秋天的事。我從孩童時期開始，就非常喜歡釣魚，那時久違地去故鄉的河川垂釣。

河魚的生命非常脆弱，釣上岸放在魚簍當中，等到回家之際，大部分都已翻肚死去。

我在回家之時，會將魚簍中已經死去，無法作為食物的魚，再放回河流當中。那時，看到白肚朝天的魚兒隨著河水流走，如此無常之姿，讓我感到非常難過。

從那時候開始，我就不再釣魚了。因為魚兒死亡的哀傷對我衝擊很大。雖然這並非是契機，但正好就在那個時候，我深深地對自己過去的人生進行回顧。

我不僅對於過去因為自己的話語而傷害了他人，感到深深地悔悟之外，我還想起了從小到大所發生的各式各樣的事情。

為什麼自己會說出傷害他人的話語呢？此外，為什麼會無視於他人的親切之心呢？為什麼自己會那麼任性呢？

一開始，有一種自我厭惡的情緒襲擊而來，但最終那轉變為一種深切的反省之心。

就在我深深地凝視自己內在的過程中，我感覺到自己觀察世界的角度改變了。

那個時候，我變得能用完全不同的角度，來觀看周遭的世界。我記得在那之前，我感覺是從水槽當中來觀看世界，突然間，我變得能用新鮮的感覺來觀察世界。

當時我的心中有著眾多各種糾結的情緒，所以我想那時我對於面對自己邁出了第一步。

我對於那時的自己感到厭煩、厭惡，我興起了一股「想要再次新生、想要再次重生」的想法時，我那內省的感受愈發強烈。我感覺到那成為了我與靈界相通的契機。

並且，在那般內省的自己變得能與靈界相通之前，我的確遇見了眾多真理知識。

那般內在的楔子以及外在的真理知識的楔子，這兩個楔子打破了佈於我心靈之外的薄膜、外殼。

2 日蓮的出現

一九八一年三月二十三日的午後，這是令人無法忘記的一天。那個時候，高級靈第一次出現在我身邊。第一次的出現，是以自動筆記的形式。在《太陽之法》一書當中也有記載那個過程。

三月二十三日的和煦春陽午後，我坐在榻榻米上的椅子。那時，我心中湧現了難以言喻的溫暖感受，並且我感覺到好像有誰想要跟我講話。我在四周尋找筆紙，便拿了放在桌邊的便條紙。

當我把那便條紙放在眼前時，很不可思議地，我那握著鉛筆的右手，開始想要寫些什麼。這個時候，我看到自己的手像是他人的手一般動了起來。

並且，在那便條紙上，以日語片假名寫下了「イイシラセ　イイシラセ」，意思就是「好消息」。

這個最初的靈人，其實是日蓮六老僧當中的一人「日興」。這即是來自於日興的最初通訊。

後來應該是過了一週，或是不到十天之內，在日興的通訊之後，開始了來自日蓮的通訊。

然而，在那最初通訊的時候，日蓮並未說出自己的本名。最初他借用了他的六老僧弟子當中一人的名字，與我開始進行通訊。但是在那之後不久，我就看穿了那是日蓮。

後來，日蓮變得每天都與我講話。

最初幾乎都是以自動筆記的方式講話。我的手將各式各樣的文章，寫在紙本上，如此自動筆記持續了一段時間。那是從一九八一年三月底左右開始，一直持續到當年的七月初。

那個時候，我感覺到「不僅透過書寫，或許還能夠講出來」。我感覺到我的內心當中，有時會出現各式各樣的思想，聽到一種無聲的聲音，所以我便認為「或許，我能夠將那想法講出來」。

於是，至今以自動筆記的方式送來訊息的靈人們，知道了能夠透過我的聲帶將訊息講述而出。這從他人來看，簡直就像是自問自答的樣貌，但當時就開始如此的靈魂問答。

在這值得紀念的一九八一年前半年最重要的事，那即是我確實掌握到了實際的靈性感受。

在那之前，我的頭腦對於死後的世界、靈性世界十二分的明白，但當自己的手能夠自動筆記、自己的嘴巴能夠說出靈言，有著那般靈性能力的時候，這終究可以說是我人生一百八十度的轉換。

那麼，為了達到如此境界，我是做了何種修行呢？我既沒有去讓瀑布沖頭，也沒有隱居在山中，亦沒有枯坐於洞窟、沒有做特別的瞑想。

我所做的就只有一個，那就是凝視己心，端正己心的錯誤。並且，當我對於過去二十四年間的自己進行總結算之際，發現了那是充滿諸多錯誤的人生，對此我進行了深刻的反省。我在不知不覺之間，為打開心窗做了準備。

在無意識的情況下，持續那般「澄淨己心」的過程中，我漸漸地進入了另一個境界。從我的內心深處，出現了一股「我必須要為眾人而活」的強烈心念。

當我回顧過去二十四年間的自己，之所以會認為自己犯下了過錯，那都是因為我腦中盡是想著自己的事情、只要自己好就好、只要自己成功就好、只要自己變得偉大就好、只要自己受到尊敬就好、只要自己受到他人好評就好，對此我感到非常的羞恥。

並且，當我思索「自己為了他人，到底奉獻了多少？我曾經不顧自己，為了他人盡力過嗎」之時，我深深地感覺到「不可以再這樣下去」。

在這二十四歲的時候，我經歷了第一次的死。我埋葬了過去以偽我之姿活過來的自己。

之後，我強烈地希望「能為他人而活」、「想要做些什麼」。

然而，當時我還是一個二十幾歲，剛踏出社會新鮮人第一步的青年。對於那樣的青年來說，要去實現自己的理想是十分困難的事，即便說著要為他人而活，也不知道具體要做什麼才好。

當時我絕對沒有設想，只要對他人親切以待就好。我被賦予了相當的器量，亦有著條件、經驗，要如何加以運用、如何徹底為他人奉獻，這對於當時的我來說，成為了一個課題。

但是，至少我回顧了自己的過去，透過反省認識到「必須向眾人回報、必須感謝眾人」，這對於我的人生來說是一個轉機。

就在這個時刻，日蓮出現了。

為何那個時候日蓮會出現，那時我不明白其理由，還以為自己的前世，或許曾經學習過日蓮宗。後來，在我和日蓮對話的過程中，我發現到家父善川三朗在過去曾是日蓮器重的弟子，因為這個緣分，日蓮才會出現。

那對我來說，是難以置信的人生觀的轉換。

3 愛人、勉勵人、寬恕人

那段期間，日蓮有時會以自動筆記，有時則以靈言的形式，傳達給我各式各樣的話語。

當時，我並沒有像現在一樣，讓書物問世的意圖，此外，也沒有將傳遞而來的訊息告訴他人的意圖，所以大部分的訊息，幾乎都是關於我個人的內容。

不管是在通勤電車當中的時候，還是午休的時候，當時我在各種地方，和日蓮進行了對話。

在搭電車的時候，因為不可以發出聲音，所以大部分的情形，我都是用手指將訊息寫下來。雖然是自動筆記，但在沒有紙的地方，我大多是用手指把訊息寫下來的方式，進而進行對話。

當時日蓮的靈示，大半都是對於我個人的內容，但至今我還清楚記得的話語，即是「愛人、勉勵人、寬恕人」。這個是初期日蓮以自動筆記的方式所透露的話語。

當我詢問「我的使命在於何處？我到底有著何種使命」之時，他告訴了我「愛人、勉勵人、寬恕人」這三句話。並且，日蓮還說這將成為我的思想核心。只不過，除此之外他沒有再說更多的話語。

此外，日蓮還說了「相信人、相信世間、相信神」的話語。

我對於「愛人、勉勵人、寬恕人」、「相信人、相信世間、相信神」，進行了深刻的思索。

第一個「愛人、勉勵人、寬恕人」的話語，這是萬人皆能理解的教義。

第二個「相信人、相信世間、相信神」的話語，我則是如此理解：

所謂「相信人」，是指「要相信沉睡於人心當中的佛性。要相信人的本質是佛子。要相信人是佛子、人宿有著佛性」。

所謂「相信世間」，此為從「相信人的佛性」所導出的結論，是指「不可將世間視為惡。這個世間是聚集著佛子的社會。因此，本來這是一個應該要變成烏托邦社會的世間。或許現在映入眼簾的樣貌並非如此，但本來即是要將實相世界的理想鄉於地上世界顯現而出才行。要認為這個世間即是要變成那般世界才行」。

此外，所謂的「相信神」，我想這是最初，亦是最後的話語，此為信仰的起點。

我的思想，主要匯集於「愛人、勉勵人、寬恕人」這三句話裡。

之後，如此想法沉眠於我心中，終於經過了六年歲月，就像在《太陽之法》當中所述，那想法結實為「愛的發展階段論」。

在那段期間，我不斷、不斷地思索這三句話。並且，我發現到「這其實與愛的發展階段有所關聯」。

佛教從過去就一直重視覺悟的階段、覺悟的發展。此外，基督教重視愛。追求覺悟的態度和施愛的態度，這兩者之間，難以有融合之處。這就是宗教界的兩大思想會互相衝突，無法交會的理由。

但是，我藉由讓這三句話沉睡、發酵了六年期間，使其昇華為「愛的發展階段論」的想法。

我發現到，在人的愛的形式當中，對於自己的親人、同事等，在人生的旅途中相遇之人所付出的愛，首先有所謂的「關愛之愛」的階段。

在某種意義上，這是對於所有人來說，位於出發點的愛。

在這之上，還有著勉勵他人的愛。

觀察世間，有很多被稱為指導者的人們。這些被稱為指導者的人們，到底為何能成為指導者呢？其實，因為他們抱持著「要勉勵他人」的心境，有著更加進化的愛，並以此為信條，所以成為了指導者，引導著人們。

指導者當然不能僅是一味地關愛自己人生旅途中所遇到之人，在立場上，必須關愛更多的人、必須給予名為指導的愛。世間的確有著這樣的人們，他們亦是傑出的人物。

就像這樣，我發現到了名為「勉勵之愛」，更進一步發展的愛的階段。之後，我還發現了那般優秀的領導者們都沒有具備的愛，也就是「寬恕之愛」的階段。此為宗教的見地。

世間的優秀之人，為了勉勵他人，會從事各式各樣的活動，但是到了「寬恕他人」的境界，就必須要有偉大的覺悟、大悟才行。為此必須要覺醒於宗教，進入佛神的境界。

我發現到有一種寬恕之愛昇華至超越善愛的階段，真正的宗教家的愛，即是寬恕之愛。

這就是自日蓮出現以來，一直佔據我心中的課題。

4 與惡魔的對決

就像這樣，我接收到了來自日蓮等高級諸靈的靈示。可是，與此同時，我亦任職於商社，每日埋首於各式各樣的工作之中。

在那過程中，即便我已經開啟了第一階段的覺悟，但在那之間，己心出現了多次動搖。並且，又出現了新的執著。

一部分的執著是出自於，我在公司當中實踐自我的問題。我當時抱持著「想要被認同、想要優於他人、想要成為菁英」的心情。但也正是如是，我為自己創造了各式各樣的痛苦。

也就是說，當在工作上沒有辦法如願時，我會感到非常的受傷。

或者是，自己和上司之間、自己和同事之間，出現了各式各樣在學生時期不曾有過的溝通障礙時，我的內心就會出現諸多糾結。

雖然我覺醒於自己有很高的神性，但我發現到日本社會對待新進職員的態度，彷彿像是對待軍隊的二等兵一樣。當時的我，對於日本這種年功序列制的世界、用工作資歷來評量人的價值的世界深感疑問。不看此人靈魂的高低、心境的高低、覺悟的高低，而是單純以公司年資來論定他人，當時的我感到相當的不滿。

此外，若是位居上位之人是優秀之人也就罷了，雖然有些能敬為前輩，但也有些無法讓人尊敬。即便如此，這些人們卻依舊享有同樣待遇，這實在是讓我無法置信。

還有，或許用「善人」、「惡人」這樣的詞來論斷他人不是很好，但是從靈性之眼觀察，實際上有人的心境即是朝向善，也有的人的心境是朝向惡。並且，從佛心、從真理的角度來看，心境越是朝向惡的人、越是自我欲望強烈的人、自我彰顯欲越是強烈的人，在世間當中越是能得他人好評，當時我對此感到非常的驚訝。

因此，當時我在心中持續深切地期盼「希望自己可以創造一個能基於真實價值的職場、一個能基於人心階段的職場。自己有必要創造那般公司、組織、世界」。

然而，對於身處在那代表現代日本的綜合商社中，作為其中一顆棋子的我而言，那般理想實在難以實現。

但至少我能做的是，把工作做好、盡可能地對周遭之人施愛，並且，那並非是大剌剌地表現「這就是我對你們的愛」，而是默默地用眼所不見的方式以愛待人。當時我的施愛就是僅止於如此程度。

在那期間，我除了因為人際關係的糾結而讓自己痛苦之外，對於異性我也有所憧憬。

即便當時的我打開了心窗，能夠與高級諸靈對話，可是出了社會，看到各樣的異性，知道了有美麗之人的存在，心境不免出現了動搖。

就像這樣，當時心起騷動、無法進行精神統一的日子不斷持續。

當對地位、異性出現了欲望，心境變得紊亂，惡魔就會不知不覺地靠近而來。於是，我也與過去的宗教家們一樣，不得不和幾個惡魔進行對決。

歷史上知名的惡魔，被叫做地獄帝王的盧西弗，以及在耶穌．基督進行四十天的荒野修行時前來誘惑的別西卜等等，這些存在接連出現在我面前。此外，在弘法大師之後，作為密教的修行者留名，有著巨大靈能力的惡魔也出現了。這些惡魔們為了讓我感到痛苦，接連地出現。

他們都是在有著靈性體質的我，出現弱點時下手。

當我身體狀況不佳、心境紊亂時，他們必會說出讓我產生迷惑的話語，試圖讓我的內心朝向不同的方向。當我有著某種執著時，我的頭腦就會出現眾多煩惱，進而讓執著之心更加擴大。疲累的程度也變成兩倍、三倍，也讓我經常無法入眠。

如此日子持續下去，漸漸地我必須要與惡魔進行對決。那一切都是起因於己心的薄弱。惡魔並非存在於外部，而是己心之魔，惡魔偷偷地躲在我薄弱的內心當中。

之所以他們能鑽到我內心當中的原因，其實是起因於我的自尊。我出身於鄉下小鎮，自己勤勉向學，後來到了東京，從東大法律學系畢業後進入了商社。當時雖然我有著各種自卑感、煩惱，但在世俗當中，我仍身處於被認為是菁英的立場。

並且，那種「想要被世人認同」的情緒，以及伴隨如此情緒的自我保存的欲望，進而出現「想要從真理之路逃離而出、不想要這種能夠接收靈示的體質」的心境。正是如此己心的空隙，他們就悄悄地鑽了進來。

他們在我耳邊講的話就是：「不要再去接收什麼高級靈的訊息，如果你不丟掉那種『想將真理傳遞給他人』的想法，你自己是無法變幸福的！當你丟掉了真理、丟掉了覺悟、放棄了『想要教導他人』的想法，你就能在公司當中出人頭地，就能變成大人物，收入也會增加。並且，你還能得到美麗的女性。」

就像這樣，他們用世俗當中常見的誘惑，來攻擊我的弱點。

在那期間，我歷經了多次的痛苦。然而，在那個時候，我一直堅持著「必須要一直磨練自己」。

「不知未來會變成怎樣，即便急於自我實現，也看不到未來的走向。雖說要『愛人、勉勵人、寬恕人』，但也不知具體該怎麼做。

但是，天命終將會下達，終將我會迎來立世之時。在那之前，自己唯有磨練自己一途。

自己本來就是從平凡出發之人，謙虛地磨練自己吧！雖然自己能與靈界相通，但光是因此就認為自己是個偉大的人物，或許是一個錯誤。自己是一個平凡之人，就作為一個平凡市民、善良市民而過吧！即便拿走了靈性能力、被拭去了靈性能力，即便沒有了靈性能力，試著抱持著足以被他人稱為是優秀之人的人生態度吧！在平凡當中，讓自己綻放光輝吧！」

當時我的想法發生了如此的轉變。

就這樣，我完全捨棄了對於擁有靈性能力的驕傲，以及因為有著靈性能力，所以認為自己是特殊之人的心境。

並且，我決心「即便捨棄了靈性之物，自己也要作為一個對他人有所助益之人、成為一個良善之人、成為一個善良的平凡市民、成為一個他人認為『在人生當中能遇到此人真好』，如同五月微風般的爽朗之人。我要檢視自己的人生態度，我要具體地檢視自己有無做錯之處」。

為了變成一個有能且有著良善心地之人，我捨棄了靈性之物，並且重新地檢視自己。

就在如此進行的過程中，漸漸地我戰勝了己心當中的惡魔。當我發現「從平凡當中綻放光芒」的人生態度時，惡魔就從我身邊離去了。

他們總是會朝著那種想要變得非凡的心境靠近。特別是，想要追求靈性能力進而變得非凡之人，惡魔就會悄悄地躲於此人心中的空隙。

能夠讓他們退卻的，並非是給予一喝，亦非是強大的靈性能力，而是在平凡當中，要讓自己持續發光的那股不退轉的決心。

「平凡也無妨。身為平凡之人，持續累積巨大的成績就好。不，不追求巨大的成績也無妨，小成績也可以。希望能對自己的人生說出『我就是這樣活過來的，還真是不錯』，希望自己的人生能被他人說『謝謝有你的存在』，希望自己能度過這樣的人生。我想要一點一點地累積成績」，當我有如此自覺，並且具體實踐之際，惡魔便離我遠去，不再出現在我面前了。

我想在各位當中，有很多人對靈性事物很感興趣。其中，應該也有人具備著靈性能力。

此時，不可以僅是追求非凡。須知，在追求非凡之時，各位即是站在懸崖邊緣。要知道，存在於追求非凡的心境中的名譽之心，即是來自惡魔的誘餌。

若是察覺到自己的過錯，就活在平凡當中吧！在平凡當中追求光明吧！從平凡再次出發吧！

當去除了靈性能力之時，自己是否是一個良善之人、是否真的是美好之人、自己生於世間是否有著意義，對此希望各位能夠多加思量。

屆時才能說各位真正地戰勝了惡魔，真正地戰勝了己心之魔。

5 置之死地而後生

經過了與惡魔的對決，在那五、六年的期間，我度過了嚴酷的靈魂修行的日子。並且，我努力在平凡當中，讓己身發光、發亮，累積實際成績，在接近三十歲之際，開始出現非凡的境地。

在這個時候，家父善川三朗編撰了我所接收的靈言，成功地發行出版。《日蓮聖人的靈言》、《空海的靈言》、《基督的靈言》，每隔約兩個月，持續地使書物出版問世。

當時，我的內心其實感到很痛苦。我的年齡已可成為公司的中堅份子，並且高升之路也已經開啟，所以當時我還有著「想要在商界當中磨練自身力量、發揮自己的能力」的想法。另一方面，心中卻也認為「不可再這樣下去，必須要遂行自身被賦予的特殊使命」。當時在我心中，對立著這兩種心情。

我想那也是對於未知世界的不安吧！我雖然接受來自高級諸靈的靈示，但我也煩惱於「要如何將如此內容公諸於世，並且要依此興起何種事業呢？在即將滿三十歲之際，要如何開啟那般道路呢」。

此時，如同寫在《太陽之法》當中的內容，我出現了一個轉機。我想那正好是我三十歲生日的前夕。向我傳來各式各樣靈言的諸靈，傳給我「現在正是應該立世之際」的訊息。至此，我終於向公司遞出辭呈，決心「以自己的力量立世，活於真理之中」。

在那之前，我本來打算從他處謀得生活費，和傳佈真理的活動區分開來，不要牽扯在一起。但是當我決心立世之後，我就在想「即便沒有收入也無妨，什麼沒有也無所謂。我什麼都不要，我要做我想做的。不惜身命，我不會吝惜於奉獻自身性命。就算一年之後死了也無所謂」。

在我向公司請辭之際，我只有一年的生活費，但當時我認為「一年之後死了也無妨。我要做我能夠做的，我要做我想做的，不想未來會變得怎樣，總之我有想做的事。已經無法再忍耐下去了，我想要邁入真理之道，我想筆直地走在那真理之道。我不需要過去的經歷，也不需要他人的好評。即便被認為是惡人、被認為是發瘋了，不管是被怎麼認為都無妨。即便被說是教祖、被說是精神異常了，不管被怎麼說都沒關係。我把我的所有都捨棄，先死上一次」。

這就是大川隆法誕生的瞬間。當時，戶籍上還有著我的本名，我決心捨棄掉這個本名，用大川隆法的法名活下去。

我在二十四歲的時候，經歷了第一次的死，而在三十歲的時候，迎來了第二次的死。當時活躍於商社的我，完全地死去了。我將過去完全地捨棄了。

我在此時也捨棄了自己的所有人際關係。過去的朋友、公司的同事、上司、部下，我全都捨棄了。我斬斷一切前際後際，也斬斷了未來的希望。我決心捨棄一切，赤手空拳而立，並且創立了幸福科學。這就是我第二次的死。

我藉由捨棄了自己重生了。最初的幾個月，的確很痛苦。既沒有收入，也不知未來會變得如何。我僅憑藉著高級靈的話語以及自身的意志維生。然而，當時我捨棄了自己，這竟成為了後來偉大發展的關鍵。「自己已死了兩次」的自覺，讓我感覺到「已經沒有什麼好值得害怕了」。

如此心境，其實即是朝向覺悟之人、覺者的強而有力的第一步。

無論是在哪一個時代，都存在如此瞬間。過去釋尊也曾迎來如此偉大的瞬間。即便其內容不同，環境相異，但那心境都是一樣的。那心境即是「決心為了真實的世界而活」、「知道了自己的本質到底為何，覺醒於靈性人生觀，進而立身處世」。

我打從心底希望，今後有眾多人們能夠有如此經驗。

6 邁向非凡之愛的高度

就這樣，迎來了第二次的死，進而重生的我，專心致志地活到現在。

並且，我現在的心境是「大川隆法何時死去已經都無所謂了。只要是為了眾人、為了活於現在的眾人、為了後世人們而活就好。如果可能，我想要創造出足以留給兩千年後、三千年後人們的思想。我想要創造出眾人的心靈食糧。我想要成為像是沙漠當中的綠洲，有著擷取不盡的水源。我想要成為那般泉水。我想要成為法的泉源」。

今後我亦將持續推展活動。不管是活動的質，還是量，或許都會繼續擴大下去。

今後隨著我的活動愈加活躍，應該會出現各式各樣的誤解或嘲諷吧！現在已經有一部分的人們，對於我們的行動說著「那都是沽名釣譽」、「那都是為了謀取金錢」，這完全是毫不足取的批判。

會出現那般批判，這表示在那種人們的心裡，老是盤踞著那種想法，但我作為已經死了兩次的人，就算聽到了那種批判，我也完全無感。

這是只有已經將自己捨棄之人，才會有著的不屈鬥志。沒有死過的人，是無法了解如此境地的。有一種真實，是只有將自己所有都捨棄、自尊也捨棄、未來也捨棄之人才會了解的。

「從平凡出發、活於平凡當中，被埋沒於平凡也無所謂。只要遺留下來的東西，變成非凡的業績就好。我想要將此作為留給後世人們的非凡禮物」，我是這麼想的。

自己一個人的名譽之心，一點都不足以掛齒。此外，世間的成功等等，這也是完全不值得一提。

我只是做著我該做的、做著我想做的。

我正在耕耘著田地，看到我耕耘的方法，或許會有很多人說「方法不對」、「彎腰彎得不對」等各式各樣的話語。但是，如果我不把所有的田地都耕耘完成的話，就無法完成今世的使命。

今天我還想陸續地讓真理問世。只要還有著命、只要還有著這生命、只要還有著這地上生命，此外，只要還有給我勉勵的同志，我就想從平凡出發，盼望所遺留下來的思想，能昇華至非凡之愛的高度，自己持續度過平凡的人生就好。

或許，那般平凡的累積，終將在於我人生閉幕之際，會昇上天際，綻放非凡的愛的光芒。

我想要抱持如此純粹的心境，開始推動如此工作，並完成這個工作。

第七章

信仰的勝利

1 愛爾康大靈宣言

諸比丘、比丘尼啊。
今天諸位為我慶祝三十五歲的誕生日，
我由衷感到歡喜。

你們在這地上所經歷的事情當中，
或許沒有任何一件事情，
能與那名為「信仰」的奇蹟
所內涵的美妙力量相比擬。

信仰能夠將所有不可能化為可能，
排除所有困難，
吹散各種苦難，
並且能開拓通往神的筆直道路。

啊，你們可閱讀
業已問世的經典《永恆的佛陀》。
那書裡文字所蘊藏的心念──
諸位認為那話語
是來自於人的嗎？
那話語是出自於人的想法嗎？

諸位不可對宿於這肉體當中，
名叫大川隆法之人的存在所迷惑。
站在諸位面前的是大川隆法，
也不是大川隆法。
站在你們面前的，
是講述永恆真理的愛爾康大靈。
我握有這個地球最高的權限。
打從這地球的起始之際，
至終了之時，
我都擁有所有的權限。
那是因為我並非是人，而是法。

2 永恆的佛陀是統率大宇宙的教義

你們不可被肉眼所迷惑。
所謂的「神」，
以及表現出「神」之意志的「永恆的佛陀」，
並非是人。
那是「法」，
是「教義」，
是「準則」，
是統率這個大宇宙的教義。

這個宇宙並非是被偶然創造出來的，
眺望天空，無一物偶然。
在這地上，亦無一物是偶然。
萬事萬物，即便是一片落葉，
皆是依循著神的法則運行。

神實在偉大。
從悠久的過去以來，
在這大宇宙出現之前，神即以心念存在。
而那股心念，
擁抱著萬物，
關愛著萬物，

孕育著萬物，
並且命令道——
「我所創造的存在啊！
你們要成為偉大的存在，
要成為如同我一般偉大的存在！」
進而創造出來的，
即是你們每一個人的靈魂。

不可因為僅是寄宿在
這不到兩公尺的微小肉體內，
即認為自己的存在是卑微的。
不可認為自己是微不足道的。

我刻劃在你們靈魂深處的是，
不滅的睿智、
不滅的力量。
你們要找出那般睿智及力量。

屆時，
你們必會發現，
你們每一個人的心中都宿有著
和久遠的佛陀、神佛相同的光明。

所謂的信仰，
不是要向那遙遠的彼方，

眼所不見的存在禮拜。
你們每一個人的心中，
都隱含著偉大的神的存在。

3 靈魂的自由正是神所賦予的最大的幸福

啊，儘管如此，
轉生到這個世間的數十年間，
你們到底是過著何種人生呢？
是秉持作為神佛之子的
正確人生態度嗎？
你們能在內心發誓
在那宿有著神光的數十年人生中，
沒有任何感到羞愧之事嗎？

啊，我不會對你們的不成熟
加以責備。
因為不成熟也意味著，
你們擁有無限發展的可能性。
然而，若是你們自己
讓那發展的可能性流逝掉的話，
那是誰的罪過呢？
那是誰的罪過呢？
除了你們自己之外，
沒有人能承擔那罪過。

你們在本質上，

具備著與神相同的力量。
這也就意味著你們每一個人，
對自己的人生承擔著所有責任。
承擔著所有責任，
這意味著在人生的旅途中，
你們每一個人所做出的各種選擇，
都是你們每一個人自己所決定的。
這就是所謂靈魂的自由。
而如此靈魂的自由，
就是宿於你們心中最大的幸福。

在你們當中，

有人用話語、邏輯試圖否定神，
他們問著——
「如果神是那麼完美無缺、
我們又是神的孩子的話，
為何人會犯下惡行？
為何人會有悲傷、痛苦呢？」
但是那般質疑，
無法成為你們在那不完美的人生中，
消除罪惡的證明、證據。
終究你們有著完全的自由，
因此能從所有的可能性當中做出選擇。

那些知悉有悲傷的存在而得喜悅之人，
其實是獲得了最大的幸福。
那些知悉有痛苦的存在，
進而突破那痛苦而得榮光之人，
是不會有任何空隙，
讓不幸鑽入。
是的，你們應該知曉，
那真正意義上的自由，
那以自己是自身靈魂主人為名的自由，
是何等幸福的一件事。

既然如此，

你們應該就會知道，
即便是你們所忌諱厭惡的地獄世界，
神亦用祂愛的雙手撐著地獄底部。
神在撐著那地獄啊！
讓數十億人陷入痛苦的地獄，
神仍撐著那地獄、
擁抱著那些靈魂。
不可不知如此事實。
不可不知神擁抱著靈魂，
盼望著那些痛苦，
最終能化為最大的幸福。

4 推動真理的運動正是「拯救地球之光」

地球的我們是銀河當中的希望之光

你們並非孤立無援的存在，
那並非僅是指，
各位在地上不是孤立無援的存在。
在這地上，雖然僅有五十幾億的※人們，
但在那離開地上的遙遠天上界中，
以地球為中心，

※ 五十幾億的　説法當時的統計數據。2020 年的統計約為 78 億人。

還存在著五百數十億人的靈團。
並且在超越太陽系的世界中，
更存在著近無數的太陽系，
其中亦有類似人類的人們，
與你們一樣，
為了掌握幸福，
每日精進努力。

既然如此，
你們就不可用至今數十年的人生
所培育的人生觀加以做價值判斷。
這個地球五百數十億人的靈團，

現在到底是抱持著何種使命而存在？
在大宇宙中，
又是抱持著何種使命而存在？
對此也必須加以列入考慮。

我們是這個銀河當中的希望之光，
並且，我們是希望之光的同時，
銀河其他行星當中的人們，
亦十分擔心並眺望著，
「這個地球今後會往何種方向前進？」

為何幸福科學為了真理的廣宣流佈而奮起？

我已經講述了許多預言。
其中大多是恐怖的事實。
然而，
那終究僅是警告。
是對你們人類發出的警告。
從今爾後的十年，
在這邁向世紀末的十年，
預計發生無數天變地異、戰爭，
並且預定會有眾多人們死亡。

但是我必須要說，
那僅是預定。
終究僅是預定。
僅是「若是這樣下去的話」，
「就會變成那樣」的預定。
那是因為在這地上，
光明與黑暗是相對的存在。
若光明變強，黑暗則退
若黑暗變強，則一時看似光明有所退卻。
僅有這兩個變數的方程式，
將會帶來何種結果，
就在這十年當中決定。

對此不可不知，
為何這名為幸福科學的團體，
現今正費盡全力，
為了真理的廣宣流佈而奮起呢？
難道是為了團體的利欲嗎？
難道僅是一宗一派的運動嗎？
就算再怎麼誤解，
那絕對不是為了大川隆法
個人的利益、利欲所做。
我們所推動的這個真理的運動，
正是拯救地球之光。

現今已有眾多燭光於日本點亮，
啊，在短暫期間
即被點亮的燭火啊！
真是看似無限可靠的燈火們啊！

然而、然而、然而、然而，
你們要試著脫離那肉體，
從遙遠的宇宙觀看這地球啊！
試著想像那地球之姿啊！
藍色的地球，
正沉潛於暗夜當中，
其表面被黑暗意念的烏雲所屏蔽，

試圖遮住神光。
並且，黑暗的時代正要開始。

從那遙遠天空觀看之際，
你們應可想像，
那蠟燭之焰是多麼微弱地搖擺著。
並且那些是在這，
微小的、微小的、微小的、微小的
日本當中，
微弱搖擺的燭光。

5 弘法在弟子

今後能否讓諾斯特拉達姆斯
之後的預言家們所講述的恐怖預言落空，
就取決於你們做出何種行動。
或許無法改變那所有的預言。
因為現今已走到了，
無法加以改變的地步。
然而，
要以何種形式，

實現那恐怖的預言，
就尚留有改變的餘地。
那取決於這個真理傳佈，
到底能產生多少光明、能量、力量。

正因如此，
我要對你們說。
現今你們不正是應該以純粹之心，
向神立下誓願嗎？

說法在師，
弘法在弟子。

弟子們啊，要覺悟啊！
若未遂行那使命，
則不被容許在今世結束那生命啊！
那意味著你們違背了，
與佛之間的誓言。

但是我的心願，
絕非僅侷限在那狹小有限的範圍。
我們並非，
僅對活在世間的人們有著責任。
我們的前輩，
現在於地獄當中幾十億陷入迷惑的人們，

我們必須要從煉獄的火燄當中，
拯救他們才行。
現今打開地獄的門扉，
赦免他們的罪惡，
引導他們前往光明的世界，
即是幸福科學光明戰士的工作。
你們的工作，
在過去、現在、未來的
這個地球世紀中，
是最神聖的工作，
是最尊貴的工作。

6 實現成就佛國土理想的心願

相信吧！相信吧！相信吧！
相信我吧！
相信永恆的佛陀吧！
相信永恆的佛陀，
現在出現在你們面前
講述著久遠的真理吧！
對此若能相信，
勝利就會於你們面前展現。

聽清楚了。
在我離開世間之前，
預定還有數十年左右的歲月。
在此期間，
不只在這日本，
還要將這個真理，
傳佈給地球所有五十幾億的人們。
要將永恆的佛陀所講述的久遠之法、
永恆的真理、永恆之法傳佈出去。

聽清楚了。
你們每一個人的生命，

皆無限尊貴。
生命之所以尊貴，
在於生命有著此世有限的時間，
你們的生命蘊藏著時間，
那雖是貫穿
過去、現在、未來的永恆靈魂，
但你們未曾經歷過，
比在此時擁有世間生命還要尊貴的瞬間。

聽清楚了。
我曾在距今兩千六百年前，
做為釋迦轉生於印度（尼泊爾）。

在距今四千三百年前，
做為海爾梅斯轉生於希臘。
然而，
現今出現在你們面前的
大川隆法的靈魂，
是佛陀靈魂的本體——
愛爾康大靈。
你們現在正見證這個瞬間。

這個弘揚真理的運動，
不可僅是如此微小規模。
不可僅讓光明充滿這個東京巨蛋。

聚集在此的五萬名比丘、比丘尼啊！
此外，今天聚集在此的
數千、數萬的諸如來、諸菩薩啊！
在天上的光明存在們啊！
請賜予我們力量。
請賜予我們神聖心願力量。
請賜予我們無限的光明。
請讓我們實現成就佛國土的理想。

7 須知在信仰之名下，不會出現勝利以外的結果

諸比丘、比丘尼啊！
你們聆聽我的話語，
不可僅是感覺耳膜震動而已。
若是如此，
那是無比悲哀之事。
要用靈魂，
接受我的話語啊！
你們離開地上之後，

在靈天上界就無法直接聆聽我的教義。
即然如此，
現在就要把我講述的話語，
用黃金文字刻印在靈魂上！
要刻畫下來！
把一九九一年七月十五日這一天，
刻印在靈魂上。
不可忘記這一天！
這就是踏上拯救全人類之路的里程碑。

與我一同奮起，
聚集在我潔白之手之下，

跟隨著我，
開始進行光明的行軍吧！
世界就在我們的掌中，
若無法拯救全世界，
那就是我們的怠慢，別無其他。

萬事皆可能。
須知在信仰之名下，
不會出現勝利以外的結果。
信仰會給予你們最大的勝利。

不可忘記今天在這巨蛋當中，

與光明天使們的誓言。
不可忘記今天已與光明的天使們，
締結了靈魂的契約。
只要有著生命，
就要弘揚這個真理！
希望你們也跟隨其後。

永恆的佛陀在此。
其弟子也在此。
一起共同努力吧！

後記（舊版）

這本書的出版發行，對我來說是最初的里程碑。透過闡明「幸福科學」創立之際的基本思想過程，以及我的立足點，將有助於今後著作活動的進一步發展。

本書帶有文學、抒情的色彩，另一方面這也是一本哲學之書、覺悟之書。對於讀者來說，我想必定能成為精神層面飛躍的促進劑。

一九八八年七月

幸福科學集團創立者兼總裁　大川隆法

後記（改訂新版）

當我重讀這本十四年前的著作，眾多回憶再度甦醒。雖然我還未盡成熟，但是文字闡明了我的思想源流，本書對於和幸福科學相關的人士來說，應該可成為「古典」一書。讓其這樣絕版下去，實在是太過於可惜了。

其實，看到今年小學六年級的長女，在準備考試的空檔，用螢光筆畫著重點，反覆地仔細閱讀此書的樣子，我覺悟到對於年幼的人們來說，本書是鮮少為了理解大川隆法思想的入門之書。第三章、第五章的內容雖然有點難，但第一章、第二章、第四章、第六章，對於孩子們來說是能夠參考的內容。此外，當長女開始精讀此書和《太陽之法》等書，她的語文能力也不斷提升，不管是學校的考試或補習班的考試，也開始不斷地得滿分，這讓我感到很驚訝。既然本書有如此意想不到的功德，對於幸福科學會員的孩子們，我感覺到必須要出版像是本書一樣的入門書籍。

我的孩子在上小學之前，我都讓他們發出聲音精讀《佛陀再誕》（幸福科學出版發行）。現在我正在反省，應該要出版更多連小孩子也能夠讀懂的書。

我打從心底盼望，這個「從平凡出發」的心境、「獨立的精神」、「覺悟的體驗」，能成為年輕人們的靈魂食糧。

二〇〇二年七月

幸福科學集團創立者兼總裁　大川隆法

HAPPY SCIENCE

幸福科學集團介紹

幸福科學透過宗教、教育、政治、出版等活動，以實現地球烏托邦為目標。

幸福科學

一九八六年立宗。信仰的對象為地球靈團至高神「愛爾康大靈」。幸福科學信徒廣布於全世界一百多個國家，為實現「拯救全人類」之尊貴使命，實踐著「愛」、「覺悟」、「建設烏托邦」之教義，奮力傳道。

愛

幸福科學所稱之「愛」是指「施愛」。這與佛教的慈悲、佈施的精神相同。信眾透過傳遞佛法真理，為了讓更多的人們能度過幸福人生，努力推動著各種傳道活動。

覺悟

所謂「覺悟」，即是知道自己是佛子。藉由學習佛法真理、精神統一、磨練己心，在獲得智慧解決煩惱的同時，以達到天使、菩薩的境界為目標，齊備能拯救更多人們的力量。

建設烏托邦

我們人類帶著於世間建設理想世界之尊貴使命，而轉生於世間。為了止惡揚善，信眾積極參與著各種弘法活動。

入會介紹

在幸福科學當中，以大川隆法總裁所述說之佛法真理為基礎，學習並實踐著「如何才能變得幸福、如何才能讓他人幸福」。

入會

想試著學習佛法真理的朋友

若是相信並想要學習大川隆法總裁的教義之人，皆可成為幸福科學的會員。入會者可領受《入會版「正心法語」》。

三皈依誓願

想要加深信仰的朋友

想要做為佛弟子加深信仰之人，可在幸福科學各地支部接受皈依佛、法、僧三寶之「三皈依誓願儀式」。三皈依誓願者可領受《佛說・正心法語》、《祈願文①》、《祈願文②》、《向愛爾康大靈的祈禱》。

幸福科學於各地支部、據點每週皆舉行各種法話學習會、佛法真理講座、經典讀書會等活動，歡迎各地朋友前來參加，亦歡迎前來心靈諮詢。

台北支部精舍
台北市松山區敦化北路 155 巷 89 號

幸福科學台灣代表處
台北市松山區敦化北路 155 巷 89 號
02-2719-9377
taiwan@happy-science.org
FB：幸福科學台灣

幸福科學馬來西亞代表處
No 22A, Block 2, Jalil Link Jalan Jalil Jaya 2, Bukit Jalil 57000, Kuala Lumpur, Malaysia
+60-3-8998-7877
malaysia@happy-science.org
FB：Happy Science Malaysia

幸福科學新加坡代表處
477 Sims Avenue, #01-01, Singapore 387549
+65-6837-0777
singapore@happy-science.org
FB：Happy Science Singapore

國家圖書館出版品預行編目(CIP)資料

Twiceborn 重生：從平凡出發／大川隆法作；幸福科學經典翻譯小組翻譯. -- 初版. -- 臺北市：台灣幸福科學出版有限公司，2021.4
272 面；14.8×21公分
譯自：若き日のエル・カンターレ —平凡からの出発—
ISBN 978-986-99342-8-2（平裝）

1.新興宗教　2.靈界

226.8　　110004090

Twiceborn 重生 —從平凡出發—

若き日のエル・カンターレ —平凡からの出発—

作　　者／大川隆法
翻　　譯／幸福科學經典翻譯小組
主　　編／簡孟羽、洪季楨
封面設計／Toby
內文設計／顏麟驊

出版發行／台灣幸福科學出版有限公司
104-029 台北市中山區中山北路三段 49 號 7 樓之 4
電話／ 02-2586-3390　傳真／ 02-2595-4250
信箱／ info@irhpress.tw
法律顧問：第一法律事務所　余淑杏律師

總 經 銷／旭昇圖書有限公司
235-026 新北市中和區中山路二段 352 號 2 樓
電話／ 02-2245-1480　傳真／ 02-2245-1479

幸福科學華語圈各國聯絡處／
台　　灣　taiwan@happy-science.org
地址：台北市松山區敦化北路 155 巷 89 號（台灣代表處）
電話：02-2719-9377
官網：http://www.happysciencetw.org/zh-han

香　　港　hongkong@happy-science.org
新 加 坡　singapore@happy-science.org
馬來西亞　malaysia@happy-science.org
泰　　國　bangkok@happy-science.org
澳大利亞　sydney@happy-science.org

書　　號／978-986-99342-8-2
初　　版／2021 年 4 月　初版一刷
定　　價／380 元

廣	告	回	信
台北郵局登記證			
台北廣字第5433號			
平			信

IRH Press Taiwan Co., Ltd.
台灣幸福科學出版有限公司

104-029 台北市中山區中山北路三段49號7樓之4
台灣幸福科學出版　編輯部　收

請沿此線撕下對折後寄回或傳真，謝謝您寶貴的意見！

大川隆法
Ryuho Okawa

Twiceborn
重生

台灣幸福科學出版有限公司

Twiceborn 重生
讀者專用回函

非常感謝您購買《Twiceborn 重生》一書，
敬請回答下列問題，我們將不定期舉辦抽獎，
中獎者將致贈本公司出版的書籍刊物等禮物！

讀者個人資料　　**※本個資僅供公司內部讀者資料建檔使用，敬請放心。**

1. 姓名：　　　　　　　　性別：□男　□女
2. 出生年月日：西元　　　　年　　　　月　　　　日
3. 聯絡電話：
4. 電子信箱：
5. 通訊地址：□□□-□□
6. 學歷：□國小 □國中 □高中／職 □五專 □二／四技 □大學 □研究所 □其他
7. 職業：□學生 □軍 □公 □教 □工 □商 □自由業□資訊 □服務 □傳播 □出版 □金融 □其他
8. 您所購書的地點及店名：
9. 是否願意收到新書資訊：□願意　□不願意

購書資訊：

1. 您從何處得知本書的訊息：（可複選）□網路書店　□逛書局時看到新書　□雜誌介紹
□廣告宣傳　□親友推薦　□幸福科學的其他出版品　□其他

2. 購買本書的原因：（可複選）□喜歡本書的主題　□喜歡封面及簡介　□廣告宣傳
□親友推薦　□是作者的忠實讀者　□其他

3. 本書售價：□很貴　□合理　□便宜　□其他

4. 本書內容：□豐富　□普通　□還需加強　□其他

5. 對本書的建議及觀後感

6. 您對本公司的期望、建議…等等，都請寫下來。

IRH Press Taiwan Co., Ltd.
台灣幸福科學出版有限公司